CORONAKRONIEKEN

DAAN HEERMA VAN VOSS

CORONA KRONIEKEN

Omslagontwerp Nanja Toebak
Foto van de auteur Eva Roefs
Typografie binnenwerk Sander Pinkse Boekproductie
Lithografie illustraties binnenwerk Bert van der Horst,
BFC Graphics, Amersfoort
Drukkerij Wilco

ISBN 978 90 450 4261 9
NUR 320

www.daanheermavanvoss.nl

MIX
Papier van verantwoorde herkomst
FSC® C004472

‘Dit zijn *juist* de tijden wanneer kunstenaars aan het werk gaan. Er is geen tijd voor wanhoop, geen plek voor zelfmedelijden, geen reden voor stilte, geen ruimte voor angst. We praten, we schrijven, we doen aan taal. Dit is hoe beschavingen helen.’

Toni Morrison
(‘No Place for Self-Pity, No Room for Fear’,
The Nation, 23 maart 2015)

Voor mijn overbuurman,
wiens naam ik nu ken.

Het virus overviel ons. Het daalde neer in kozijnen, op deurklinken, het ging van hand tot hand en van mond tot mond. Het verhaal van het virus is misschien wel het universeelste dat we ooit zullen kennen. Toch begon het voor iedereen op een ander, particulier moment.

Donderdag 12 maart (dag 117 van het virus)

Een chaotische ochtend, vol haastige gesprekken, die aanvoelen als onderhandelingen. M. is een weekje bij me op bezoek. Over drie dagen zou ze weer naar New York gaan om verder te werken aan haar promotieonderzoek naar politieke corruptie. Maar vannacht, in de nacht van woensdag op donderdag, heeft president Trump, die steeds heeft volgehouden dat het virus niks voorstelt en tegen april 'op miraculeuze wijze' zal verdwijnen, de grenzen dichtgegooid voor Europeanen. (Mijn favoriete Trump-geruststelling van de afgelopen tijd: 'Je hebt een grote kans dat je niet doodgaat aan dit virus.') Dit betekent dat M. nog één dag heeft om halsoverkop terug te vliegen, het aantal tickets slinkt met de minuut. Maar goedaardig als ze is, gebruikt ze die laatste kostbare uren om een vriendin van haar, van wie de medicijnen in Detroit liggen, aan een ticket te helpen. Tegen de tijd dat M. een reis voor haar vriendin heeft veiliggesteld, zijn de vluchten naar New York onbetaalbaar geworden, en weer een uur later zijn ze helemaal verdwenen. We vinden er wel wat op, zeg ik, vlak voordat ik zelf naar Schiphol vertrek, voor een lezing in Duitsland. Een lezing die tegen het middaguur, terwijl ik aan het boarden ben, wordt afgelast.

Enigszins bedremmeld drink ik een kop koffie op het behoorlijk verlaten vliegveld. Niet dat ik dorst heb – ik beeld iemand uit die gisteren koffie heeft gedronken, vandaag koffie drinkt, en morgen koffie zal drinken. 'Het zal wel lekker rustig zijn,' zeg ik maar tegen de verveelde barista. 'Zo lekker is dat niet,' antwoordt ze. 'Er zijn nu al veel minder reizigers dan een tijdje geleden. Als helemaal niemand meer vliegt, is het werk op. We hebben allemaal losse contracten, we zijn vogelvrij.' Ik kijk op mijn telefoon. De aandelen van vrijwel alle vliegtuigmaatschappijen zijn aan het kelderen, de beurs maakt een vrije val, de derde in twee weken tijd. Vogelvrij, gekortwiekt, vleugellam.

Gisteren doopte de Wereldgezondheidsorganisatie (World Health Organization) het virus officieel om tot pandemie: de verwachting is dat het zich over de hele wereld zal verspreiden. De daaruit voortvloeiende crisis zal alle sectoren raken: de handel, het onderwijs, de zorg, de vrijetijdssector. Pandemie, paniek, Amerikaanse beurzen in het rood. De Europese volgen snel. Ik pak mijn telefoon, scrol langs Amerikaanse commentatoren. Miljarden verdampen. Ze hebben het over dollars, sommigen al over euro's. Over geld dus. Dat wil zeggen: nog niet primair over mensenlevens.

In de metro terug naar huis: verwarde gezichten, veel gefrons en hoofdschudden. De meeste telefoongesprekken eindigen met: ik kom naar huis. Naast me staat een stelletje, backpacks tussen hun voeten. Zij probeert hem moed in te spreken, waarna hij zich waagt aan de zin die we allemaal denken maar niet durven uitspreken: 'Maar we hadden plannen.'

Terwijl ik van Amsterdam Centraal naar huis loop, kom ik erachter dat veel mensen de waarschuwingen van de afgelopen tijd publiekelijk veroordeelden als heisa, kletspraat of bangmakerij, maar achter de schermen alle antibacteriële zeep en mondkapjes hebben opgekocht. De drogisterijen zijn leeg, en ook online is niets meer verkrijgbaar. Zijn zij hysterisch, of ben ik te laat? Ik bel neef Koen op, in de hoop dat hij, die heeft gediend in Afghanistan en Mali, relativerend commentaar te bieden heeft. En inderdaad, neef Koen denkt dat het allemaal wel meevalt. Ik heb andere vermoedens. Hij stelt een weddenschap voor. Of mensen die wij kennen aan het virus zullen overlijden. Hij denkt van niet.

Eenmaal thuis zie ik mijn appartement in een vreemd licht. Spullen die ik op de kop heb getikt tijdens reizen die ik niet meer kan maken, een ouderwets koffiemolentje uit New York, een tafeltje uit Berlijn, gekocht met geld van een bankrekening die, naar ik dacht, wel weer zou aangroeien. Nu denk ik: met welk werk?

Ik kijk om me heen, zoek houvast in spullen, in aan die

spullen gekoppelde herinneringen, in aan die herinneringen gekoppelde kalmte. Het werkt maar even. Hoelang zal het duren voordat ik mijn thuis zal gaan beschouwen als mijn bunker? M. steekt haar hoofd om het hoekje, haar ogen angstig. Of ik een kop thee wil, vraagt ze maar.

Die avond eten we een opwarmmaaltijd, net zoals we gisteren deden, net zoals we morgen zullen doen. We laten het nooit na om elkaar, als dat op z'n plaats is, te complimenteren over de temperatuur van het voedsel. We trekken de gordijnen dicht, schenken meer wijn in. Welke buitenwereld?

'Je hebt jezelf overtroffen,' zeg ik. 'De temperatuur is ronduit perfect.'

M.'s lach is nog onveranderd.

Voor mij is deze donderdag de dag geweest waarop *het begon*, stel ik vast, terwijl ik de afwas doe. Maar dat is natuurlijk heel particulier. De werkelijkheid is dat dag 1, de ware eerste dag, ver achter ons ligt. Vermoed wordt dat het zondag 17 november is geweest, de dag waarop onze politieagenten sinterklaasoptochten bewaakten, waarop de Griekse tennisser Tsitsipás de Oostenrijker Thiem versloeg in de finale van de Finals in Londen en waarop de stad Rotterdam de aanval opende op geluidsoverlast bij bruiloften. Op die dag, in de Chinese provincie Hubei, zou een naamloze vijfenvijftigjarige man besmet zijn geraakt met een virus dat de sprong van het dierenrijk naar het menselijk lichaam succesvol had voltooid. Waarschijnlijk kwam het oorspronkelijk van een vleermuis: de van een *Rhinolophus affinis* (denk: extra grote snuit) gesampelde ziekte RaTG13 is voor 96 procent identiek aan covid-19. Van de vleermuis in kwestie, vermoedelijk aanwezig op een markt voor exotische dieren, een zogenaamde *wet market*, waar je op zoek kunt naar *yewei*, oftewel 'wilde smaken', zou het via een tussendier op de vijfenvijftigjarige man zijn gesprongen. Het is vooralsnog onduidelijk of het 'vleermuizenvirus' zijn kracht (de combinatie van dodelijkheid en een extreem hoge besmettingsgraad) al bezat voordat het de sprong waagde, of dat de natuurlijke selectie die het virus doormaakte om zijn ultieme vorm te krijgen in het mensenlichaam plaatsvond, na de noodlottige sprong dus. De man bezocht naar alle waarschijnlijkheid vervolgens een tweede markt, de Huanan Seafood Wholesale Market, en zette zo de keten van besmettingen in gang. Deze naamloze man zou vanaf nu voortleven als *patient zero*.

Het duurde een paar weken voordat doktoren in Wuhan beseften dat er sprake was van een nieuw virus, mede doordat de symptomen die we inmiddels kunnen dromen (hoesten, koorts, hoofdpijn) ook bij griep kunnen optreden. Het autoritaire Chinese staatsbestel, waarbij elke laag van de piramide er baat bij heeft geen problemen te 'veroorzaken', zorgde ervoor dat de verspreiding van het virus wekenlang ongehinderd voortduurde: informatie van artsen werd consequent onder het tapijt geveegd. In de daaropvolgende dagen begonnen veel Chinezen dezelfde symptomen te ontwikkelen, WeChat, de Chinese variant van whatsapp, begon te gonzen. Patient zero stierf op 31 december, terwijl de rest van de wereld het nieuwe jaar aan het inluiden was, en M. en ik aan de Amsterdamse grachten keken naar het (vermoedelijk uit China geïmporteerde) siervuurwerk. Grote, bontgekleurde fonteinen van vuur, tegen het decor van eeuwenoude trapgevels en grachten vol kruitdampen. Patient zero bleef naamloos maar zijn moordenaar heette covid-19.

Dat was december, dit is maart, donderdag de twaalfde. Terwijl ik de laatste glazen uitspoel, begin ik terug te rekenen. Als 17 november de eerste dag van het virus is geweest, dan is dit dag 117. Het virus leidt, wij volgen zijn agenda. Terwijl M. aan het bellen is, met haar familie in Nederland of haar vrienden in New York, ga ik op mijn balkonnetje staan, met uitzicht op de binnenplaats. De maan, die zich aan het wolkendek heeft ontworsteld, schijnt me bij. Tientallen ramen, tientallen levens, tientallen mensen die vermoedelijk allemaal een andere *eerste dag* zouden noemen, als hun daarnaar werd gevraagd. Maar ook ik had andere *eerste dagen*, alternatieve startpunten van míjn coronaverhaal kunnen noemen.

Begin januari bijvoorbeeld, op de tweeënvijftigste dag van het bestaan van het virus, toen een vriendin lacherig aan me vroeg of ik al last had van de Wu-flu, dat geheimzinnige griepvirus dat rondwaarde in Wuhan. Of twee weken later, toen een vriend me vroeg of ik een mening had over *corona*. 'Het virus of het biermerk?' antwoordde ik met faux zelfvertrouwen.

Of in februari, toen een vriendin met wie ik in een café zat, Mea, vroeg of ik me zorgen maakte. Intussen had ik, toch enigszins gealarmeerd door de berichten uit China, alle statistieken die ik had kunnen vinden over het virus onder elkaar gezet, en afgezet tegen de statistieken van eerdere virussen als SARS en ebola. (Ik ben zo'n zzp'er met tijd.) De combinatie van verspreidingstempo en dodelijkheid kwam je alleen tegen bij de vernietigende Spaanse griep, uit 1918. Dus ja, ik maakte me zorgen, sterker nog, ik was ervan overtuigd dat ons iets vreselijks te wachten stond. Aan de andere kant: dat is mijn *default mode*.

Toch was die kennis, gecombineerd met mijn angstige aard, blijkbaar niet genoeg om te handelen, om spullen in te slaan, om mezelf te isoleren, om anderen te waarschuwen. Ik vertrouwde op mijn vrienden, die natuurlijk niet meer wisten dan ik, maar wel zeiden wat ik wilde horen: dat het allemaal wel mee zou vallen. Dat ging ons goed af. Jarenlang, misschien wel decennialang, hadden we argeloos kunnen leven. Rijkdom, werk, luxe, feestjes, bevrijdingsfestivals, drugs, of juist familie en hechte vriendschappen – al dat comfort dat we onszelf aanmaten. Die imaginaire 'garantie' die hoorde bij die levensstijl, dat illusoire gevoel van veiligheid dat velen van ons kennen, zeker degenen die nog nooit een crisis hebben meegemaakt, wordt door psychologen *normalcy bias* genoemd, en het is al zo oud als de Romeinen, die terwijl de grond rond de Vesuvius begon te rommelen, nog dachten: ach, zo'n vaart zal het niet lopen.

Mea en ik bestelden nog iets te drinken.

'Ben je dan niet bang?' vroeg ze. 'Jijzelf bedoel ik?'

'Niet echt,' antwoordde ik. 'Al heb ik notoir slechte longen. Om het jaar een longontsteking, bronchitis, astma. Ik ben, vergeleken met anderen, niet erg bang voor de dood. Bang om te stikken, dat wel.'

Mea, die vermoedelijk niet had verwacht dat ik op haar deprimerende vraag een nog deprimerender antwoord zou weten te verzinnen, keek bedenkelijk. 'Maar dan zou je toch juist wel bang moeten zijn? Stikken, dat is min of meer wat je dan zeg maar doet bij corona.'

'Ik ga niet stikken,' zei ik, vlak voordat ik een flinke slok van mijn whisky nam.

Ze vroeg welke media ik vertrouwde. Tot nu toe hadden Nederlandse politici de gevaren van het virus gerelativeerd, misschien zelfs gebagatelliseerd. Maar in Chinese, Iraanse en hier en daar Italiaanse media verschenen al jobstijdingen.

Ik leunde naar voren en vroeg: 'Welke media vertrouw jij níét?' Misschien was dat de eerste kiem van mijn paranoia, denk ik nu.

We omhelsden elkaar op straat, ze is me dierbaar, en misschien waren we ons er wel van bewust dat de wereld instabieler was dan we dachten en dat heel veel levens zomaar eens radicaal zouden kunnen veranderen.

Vanaf mijn balkonnetje kijk ik naar de maan zoals ze er op 12 maart 2020 uitziet. Even denk ik donkere plekken op haar lichte oppervlak te ontwaren, levervlekjes, of misschien wel wallen. Misschien is de maan dan toch veranderd; ze oogt zorgelijk. Ik haal de afwas uit het druiprek. M. is al naar boven – gestommel in de badkamer. Als ik bovenkom, staat ze voor haar opengeklapte koffer, handen in haar zij. Het is gek om haar zo machteloos te zien.

Ik ken haar als iemand die zoveel wil, alles kan, en niks uitsluit. Prachtige eigenschappen, onder normale omstandigheden. Zonder iets te zeggen ontruim ik een kastje, zij aan zij bergen we haar kleren op. 'Je kunt zolang blijven als je wil,' zeg ik. Die nacht droom ik dat ik over een instortende brug loop. Ik zwaai met mijn armen, ze grijpen touwen vast die nergens aan bevestigd blijken te zijn.

Vrijdag 13 maart (dag 118)

In het Ikazia Ziekenhuis te Rotterdam, waar een week eerder Neerlands eerste covid-19-dode is gevallen, krijgen Douwe en zijn vriendin Renata hun eerste kind, zo lees ik in de krant. Een dochter genaamd Oda Delta. Terwijl de wereld op zijn grondvesten schudt, eten zij beschuit met muisjes.

De wereld verandert, de taal evolueert mee. Nu al raken nieuwe woorden en begrippen in omloop. *Flatten the curve, social distancing, lockdown.* 80 procent is een magisch begrip geworden (op wie van de besmette mensen het virus een milde impact heeft), maar dat geldt ook voor 15 procent (een ernstige impact), 5 procent (kritieke impact) en 2–3 procent (dodelijkheid). Onze algoritmes worden bijgesteld; op Netflix en andere streamingsites scoren gedateerde en kwalitatief twijfelachtige rampenfilms hoog, *Contagion*, *The Day After Tomorrow*, of anders ziekenhuisseries als *The Night Shift*, *Grey's Anatomy* of *The Good Doctor*. Op internet circuleren steeds meer foto's van goeddeels verlaten trekpleisters, de Kaäba in Mekka, de Eiffeltoren, het Piazza San Marco in Venetië. Een collage van desolate plekken. Achter die stilte: miljoenen levens die in beroering zijn gebracht, en die levens zullen weer hun invloed hebben op miljoenen andere levens. Het *butterfly effect*? De kooien en terraria zijn opengegooid: alle vlinders die in encyclopedieën beschreven staan, zijn op ons losgelaten.

Maar nog niet iedereen ziet de zwerm opdoemen. Volgens Amerikaanse media, die ik op mijn telefoon volg, is het gevaar van het virus daar nog niet doorgedrongen tot de massa, het is wachten op het Rock Hudson-moment. Rock Hudson was een marinier annex acteur annex *all American hero*, die in de jaren tachtig gediagnosticeerd werd met hiv. Op 2 oktober 1985 overleed hij aan aids. Zijn dood was een kantelpunt in de publieke beleving van de ziekte; tot dat moment had men het (ongegronde) idee, of misschien was het eerder een gevoel, dat aids was voorbehouden aan *andere* mensen, zonderlinge figuren die losbandig leefden, elkaar in steegjes en darkrooms troffen. Maar als Rock Hudson, Rock fucking Hudson, kon sterven aan aids, dan kon iedereen het.

Breaking news, flitst er op mijn scherm. Rock Hudson heet Tom Hanks. Hij en zijn vrouw, actrice Rita Wilson, hebben allebei het virus opgelopen, en verblijven in quarantaine in Australië. (Enkele dagen eerder ging online het gerucht dat Daniel 'Harry Potter' Radcliffe de eerste *corona celebrity* was. De hashtag #ExpectoCoronus was kort trending. Radcliffes ziekte bleek fake news te zijn.) Steeds meer celebrity's stellen openlijk dat ze het virus hebben opgelopen, zoals voetballer Daniele Rugani of acteur Idris Elba, en allround celebrity Kris Jenner laat zich zelfs testen terwijl ze helemaal geen verschijnselen heeft. De Amerikaanse blogger en influencer Arielle Charnas streamt haar coronatest live via Instagram.

Deze openbaarheid, deze *celebrity corona coming outs*, en het onderliggende feit dat beroemdheden kennelijk erg makkelijk aan tests komen, terwijl maar een fractie van de 'gewone bevolking' daartoe de beschikking heeft, leidt begrijpelijkerwijs tot verontwaardiging over deze vorm van privilege, die het verschil kan uitmaken tussen leven en dood; een verontwaardiging die de komende tijd vermoedelijk alleen maar aan kracht zal winnen. In de VS komt zelfs de tweeënzeventigjarige Roddy, die zijn achtenzestigjarige vrouw (vijfenveertig jaar getrouwd) met mond-op-mondbeademing probeerde te redden van het virus, niet in aanmerking voor een test. Zij, Loretta, is het eerste coronaslachtoffer in LA County. Kennelijk gelden voor de Rock Hudsons van deze tijd andere regels dan voor de Roddy's.

Voor mij, meer Roddy dan Rock, zal er vooralsnog vermoedelijk weinig veranderen. Het merendeel van de dagen zit ik thuis, sociale quarantaine lijkt verdacht veel op mijn gebruikelijke modus operandi, en ik ben altijd degene aan de overkant van de straat. Wat wel is veranderd: de stoep zelf. Waar deze een paar weken geleden nog volgekrijt was met huisjes, wolken en zonnetjes, zijn nu rode bolletjes met uitsteeksels en radioactief uitziende partikels getekend. Gevoelsmatig bevinden we ons nog in het schemergebied tussen twee dimensies in; we herinneren ons vorige week nog, maar kunnen er ook niet helemaal meer bij. Probeerde ik M. niet binnen te sneaken op het Boekenbal? Maakten de kranten zich niet druk over het feit dat tv-persoonlijkheid Özcan Akyol weer iets stoers had geschreven?

Vandaag, deze vrijdag de dertiende, kunnen we het ons nog permitteren grapjes te maken. Een vriendin sms't me dat het voor iemand als zij, een hardnekkig fomo-lijder, genieten geblazen is: nu weet ze zeker dat niemand het leuker heeft dan zij. Ik speel met het idee om een dichterscarrière te beginnen, en onder het pseudoniem Covidius stukjes over alledaagse metamorfosen te schrijven. Op Instagram worden foto's gepost van volle keukenkastjes (yesss, net op tijd) dan wel lege supermarktschappen (de klootzakken!).

Het woord 'hamsteren', ooit synoniem met tamelijk lullige Albert Heijn-reclames, kent een grote revival. In die reclames was het een hyperbool, waarin onze zuinigheid werd verbeeld door de fabeldieren van dienst: door computers gegenereerde hamsters die vrolijk aan het shoppen waren geslagen. Sinds kort is deze hyperbool een bestanddeel van het alledaagse. In een tijdsbestek van dagen is één product in het bijzonder symbool komen te staan voor hamsteren: de wc-rol. De wc-rol is een verdacht object geworden, een totem, maar ja, we hebben wél allemaal wc-papier nodig.

Illustraties: Mikko Kuiper, *NRC Handelsblad*, 21 maart 2020

Het lege vliegveld van gisteren, de barista, de gezichten in de metro – het voelt allemaal bijna droomachtig ver weg, besef ik, terwijl ik over straat loop, op zoek naar flarden van gesprekken, naar het ritme van de stad. Ik begin notities te maken, al weet ik niet goed waarom. Het voelt nauwelijks vrijwillig. Waar 'engagement' (niet meer dan een chic woord voor betrokkenheid) vroeger op me overkwam als een bewuste, soms zelf geforceerde houding, zou níét betrokken raken nu aanvoelen als een zeer bewuste keuze mijn kop in het zand te steken.

Iedereen praat over hetzelfde, maakt dezelfde machteloze armgebaren. Steeds weer duikt het woord 'onwerkelijk' op. Misschien zijn we nog in shock. Kranten en omroepen hebben live feeds op touw gezet, zodat we elk moment van de dag op de hoogte kunnen zijn van de recentste ontwikkelingen, het aantal besmettingen, het aantal doden. Ander nieuws verdwijnt naar de achtergrond. Welk ander nieuws?

Het is alsof we in de proloog zijn terechtgekomen van een verhaal dat we niet kennen, een verhaal dat je net zo goed sciencefiction als Bijbeltekst kunt noemen; deelde Jahweh geen veepest uit aan de Egyptenaren die de Hebreeërs als slaven gebruikten, en volgde op die veepest geen builenplaag?

Maar als ik thuis boeken erop nasla, begrijp ik dat we ook verder terug in de tijd kunnen, de Bijbel voorbij. Al in het Babylonische Gilgamesj-epos valt te lezen dat de zondvloed te prefereren valt boven dodelijke epidemieën (pestilenties). In een Egyptische tekst uit dezelfde periode (ca. 2000 voor Christus) worden ook pestilenties genoemd. Zelfs uit de oudste Chinese geschriften (dertiende eeuw voor Christus) blijkt dat men op de hoogte was van het bestaan van epidemieën. 'Zal dit jaar pestilentie brengen en zullen er doden vallen?' vroeg een oude heerser van de Chinese stad Anyang eens aan zijn waarzeggers, die geen antwoord hadden op zijn vraag maar wel deden alsof, want dat was hun vak.

Op zoek naar houvast, als niet in het heden dan maar in het verleden, bestel ik meer boeken, die dezelfde dag nog worden afgeleverd.

Dat verhaal waarin we terechtgekomen zijn, wanneer speelt dat? Leven we in de tijd van de Romeinse republiek, die volgens Livius liefst elf epidemieën heeft gekend? Leven we in de veertiende eeuw, toen de Zwarte Dood vanuit Azië naar West-Europa trok en in zijn spoor tussen de 75 en 200 miljoen levens eiste? Leven we in 1520, toen één drager van pokken, naar verluidt de Afrikaanse slaaf Francisco Eguía, ongeveer de helft van de inwoners van Centraal-Amerika wegvaagde? Leven we in 1918, toen de Spaanse griep in minder dan een jaar tientallen miljoenen (volgens sommige schattingen zelfs honderd miljoen) dodelijke slachtoffers eiste, meer dan in de gehele Eerste Wereldoorlog? (Misschien is dit mijn versie van *Contagion* bekijken op Netflix: mijn hart ophalen aan historische catastrofes waar wij toch niet aan kunnen tippen.)

Nee, concludeer ik, we leven niet in het verleden. En toch, in het heden zoals ik het kende, leven we evenmin. Maar wat voor heden was dat dan? Hoe heb ik me zo kunnen verkijken op wat ons te wachten stond? Hoe heb ik me, terwijl de wereld meer verbonden was dan ooit, terwijl een mogelijk virus zich sneller zou kunnen verspreiden en meer slachtoffers zou eisen dan ooit tevoren, zo veilig kunnen voelen?

'We hadden moeten verwachten dat we in een besmettelijke hel zouden leven, met de ene dodelijke plaag na de andere,' schrijft Yuval Noah Harari in *Time Magazine*. Maar we zijn in slaap gesust, en niet zonder reden. 'Het aantal epidemieën is sinds het Stenen Tijdperk nog nooit zo laag geweest als in de eenentwintigste eeuw,' legt Harari uit. 'Dit komt doordat de beste verdediging die wij mensen hebben tegen besmettelijke ziekten, niet isolatie maar informatie is.' In de twintigste eeuw ontstond er een wapenwedloop tussen medicus en ziekte, tussen mens en natuur. 'Waar de ziekten leunden op blinde mutaties,' zegt Harari, 'leunden de medici op de wetenschappelijke analyse van informatie.' In 1894 ontdekte een team van internationale bacteriologen de *Pasteurella pestis*, de pestbacil.

We hoefden niet langer te gissen naar de oorzaak van ziekten; we gaven de schuld niet meer aan demonen, wrokkige goden of aan kwaadaardige lucht: het waren bacteriën en virussen die ons al die eeuwen hadden geveld.

We ontwikkelden vaccins en antibiotica, we verbeterden onze hygiëne. Voorheen onverslaanbaar geachte ziekten werden overwonnen. In 1967 kostten de pokken nog twee miljoen levens, in 1979 verklaarde de WHO dat de ziekte vrijwel helemaal verdwenen was. Virussen verging het niet veel beter. De uitvinding van de elektronenmicroscoop stelde natuurkundige Ernst Ruska en elektrotechnisch ingenieur Max Knoll in 1931 in staat de eerste beelden van een virus (dat letterlijk 'giftig slijm' betekent) waar te nemen. In de tweede helft van de twintigste eeuw ontdekten onderzoekers talloze virussen, in vee, in planten, maar ook in mensen (bijvoorbeeld hepatitis B, hepatitis C, aids). Voor het eerst in de wereldgeschiedenis 'begrepen' we virussen die we een paar decennia eerder niet eens konden zien.

Misschien is dat wat er is gebeurd, bedenk ik aan mijn bureau, misschien hebben al die successen ons misleid. We zijn vergeten dat ons verleden grotendeels bepaald is geweest door ziekten en virussen, we zijn vergeten dat de geschiedenissen van een gastheer en zijn parasieten één zijn, zoals William H. McNeill in zijn ongeëvenaarde boek *De pest in de geschiedenis* (1976) aantoont. 'Besmettelijke ziekten, ouder dan de ontwikkeling van de menselijke soort, zullen even lang blijven bestaan als de mensheid zelf,' schrijft McNeill, 'en zij zullen steeds een van de fundamentele determinanten voor de menselijke geschiedenis zijn.' McNeill maakt duidelijk dat we epidemieën ten onrechte afdoen als simpele externe gebeurtenissen, die van tijdelijke aard zijn geweest, die kwamen en gingen. In werkelijkheid hebben ze blijvende invloed en veranderen ze de loop van de geschiedenis.

McNeill geeft een paar voorbeelden. Zo laat de Griekse historicus Thucydides doorschemeren dat de infectieziekte die in 430 voor Christus uitbrak in het Atheense leger ervoor zorgde dat Athene de Peloponnesische Oorlog niet won. Als de pest niet was uitgebroken, zou keizer Justitianus er mogelijkerwijs in zijn geslaagd om de rijkseenheid in het Middellandse Zeegebied te herstellen. Zonder de pokken hadden de *American Indians* de 'slag' om hun land misschien wel nooit verloren van de Europeanen. (Hoe zou de VS er in dat geval tegenwoordig uitzien?) Als de pest niet zou zijn uitgebroken in het Spanje van de zeventiende eeuw, zou het land zijn ongekende economische en politieke macht vermoedelijk hebben behouden. (Zouden we de koning van Hispanje in dat geval werkelijk eren?) Epidemieën versnellen historische processen. Ook op cultureel vlak. Zo zijn veel historici het erover eens dat de opkomst van de volkstalen in Europa sterk in de hand is gewerkt door het verval van het Latijn als lingua franca, dat weer werd veroorzaakt doordat een groot deel van de clerus en de leraren Latijn waren gestorven aan de pest. Misschien spreken we wel Nederlands dankzij de pest, mijmer ik, als ik McNeills boek dichtsla.

Maar wat het meest in een stroomversnelling raakt, is de politiek. Omdat geen regering het zich kan permitteren over te komen als besluiteloos, worden grote politieke beslissingen die normaliter worden voorafgegaan door jaren van overleg, door allerlei vertragende en verkoelende checks-and-balances, door het parlement gejaagd, als dat niet al is ontbonden door een overenthousiaste leider. Welke landen zullen hun democratische beginsels als eerste overboord gooien als de roep om actie oorverdovend wordt?

'Het menselijk ras wordt geconfronteerd met een wereldwijde crisis, misschien wel de grootste uit onze generatie,' concludeert Harari. 'De beslissingen die volken en regeringen de komende paar weken nemen zullen vermoedelijk de wereld van de toekomst, tenminste in de komende jaren, vormgeven. Niet alleen wat betreft onze gezondheidszorg, maar ook onze economie, onze politiek en onze cultuur.'

Het hele bouwwerk staat op losse schroeven. Maar het gaat niet alleen om het bouwwerk in uiterlijke zin. Daarin verschillen epidemieën van 'gewone' natuurrampen: bij natuurrampen worden we geconfronteerd met een extern gevaar, terwijl het gevaar bij epidemieën ook in onszelf schuilt. Dat kan confronterend zijn, omdat het de onderlinge verhoudingen op scherp zet. Helpen we anderen, of denken we vooral aan onszelf? Houden de idealen die we in vredestijd hebben gecultiveerd stand?

Ik zet de deur van mijn werkkamer open. Beneden belt M. met een goede vriend in New York. Haar stem, aangewaaid door het trapgat, klinkt hoger dan gebruikelijk, ze zoekt naar de juiste woorden om haar ervaring mee vorm te geven.

Toen ik geschiedenis studeerde en dagboeken uit crisistijden las, prees ik ons gelukkig dat 'gewone' mensen hadden geprobeerd hun beleving vast te leggen, zodat het dominante verhaal zoals de overwinnaars dat later zouden vertellen, op z'n minst genuanceerd kon worden. En die nuance is vaak hard nodig. Juist omdat een beleving zo ongrijpbaar is, omdat deze uit zoveel elementen bestaat, niet alleen uit de gebeurtenissen en feitjes die we kunnen nazoeken, maar ook uit gevoelens, gedachten, angsten en fantasieën, elementen die geen historicus, geen terugblikker, geen duider ooit zou kunnen reproduceren. Goed, ik geef toe dat hier ook een persoonlijk motief speelt: er is maar één ding dat ik moeilijker te verkroppen vind dan vergankelijkheid, en dat is vergetelheid. Dat er van al onze belevingen en ervaringen niéts zou overblijven, geen citaat, geen gedachte, geen les, nog geen stofdeeltje. Dat dit neerkomt op een kansloze strijd die de uiterlijke schijn heeft van iemand die de rivier in springt en een handvol water schept om te voorkomen dat het door de stroom zal worden meegevoerd, daarvan ben ik me bewust.

Maar naast die algemene reden en dat persoonlijke motief behoeft deze pandemie, en de ontwrichting die daarbij hoort, bijzondere aandacht. In de comfortabele setting van huiskamer of café, maar ook in de gangen van de Tweede Kamer of in de televisiestudio, klonk de laatste jaren, naar mijn inschatting steeds luider, een roep om verandering. Want zo kon het toch niet langer, met de bizarre prioritering van vermogen boven arbeid, met de groeiende kloof tussen arm en rijk, met de plasticsoep? Gevoelens van onvrede, vermengd met ongeloof over onze inertie, gistten maar kwamen nooit helemaal aan de oppervlakte. Het moest anders! Ja, maar hoe dan, en wanneer was genoeg écht genoeg? Het was alsof we wachtten op een uitnodiging.

Nou, die uitnodiging lijkt in de bus te zijn gevallen, bij iedereen tegelijk. De uitnodiging heeft de vorm van een dictaat, een viraal dictaat. In dat dictaat staat: Het is niet langer toegestaan te denken dat jullie veilig zijn. Het is niet langer toegestaan om jullie manier van leven als vanzelfsprekend te zien.

Maar wat de uitwerking van dat dictaat is, hoe we erop reageren, hoe onze *beleving* ervan eruitziet, en wat onze nieuwe manier van leven zal zijn – dat weet niemand. Wat we wel weten is dat de coronapandemie mogelijk de meest collectief beleefde gebeurtenis uit de wereldgeschiedenis zal zijn. Ik zet mijn boeken terug in de kast, strijk de ruggen recht. Hoe goed en volledig de boeken ook zijn, ze schieten hier tekort. De epen, de Bijbel, McNeill, de slapkaftige sciencefictionboekjes in mijn kast, ze bieden niet genoeg inzichten over dít verhaal.

Vanuit mijn werkkamer staar ik naar mijn overbuurman, die aan het spelen is met zijn dochtertje. Wat zou mijn overbuurman denken? Zou zijn dochtertje al iets merken? Ik ga achter mijn computer zitten en open een nieuw document, een onberispelijk wit vlak. Zoals altijd is de eerste zin die ik opschrijf een vraag: Wat gebeurt er met ons, als de wereld die we kennen stil komt te staan?

Míjn coronaverhaal is maar één draadje in het wandtapijt, en dan niet het bijzonderste of glimmendste. Voor dit collectieve verhaal zijn anderen nodig. Veel anderen.

Die avond nog zet ik lijntjes uit, lijntjes die zich hopelijk weer zullen vertakken naar nieuwe lijntjes, enzovoorts. Ik plaats oproepen, pak de telefoon, verstuur e-mails. En dan, als de verhalen beginnen te komen, begin ik te noteren.

Zaterdag 14 maart (dag 119)

Om vier uur 's ochtends stapt de Vlaamse Jolien (20), derdejaarsstudent aan de KU Leuven, het geheel verlaten vliegveld van Fiumicino binnen. Op het grote bord staan veertig vluchten, waarvan vijfendertig geannuleerd. De vijf die doorgaan, leiden allemaal naar Brussel. Jolien mag één koffer mee, volgestouwd met ongedragen zomerjurkjes. Op 22 februari begon ze aan haar buitenlandse avontuur; een semester aan de universiteit van Rome. Al in de eerste week, tijdens een les over oriëntalisme, ontmoette ze een knappe Italiaan. Aperitivi op terrasjes en tortellini in de zon. Maar op 5 maart keerde het tij. Via de universiteitsintercom werd meegedeeld dat de boel gesloten zou worden. Eerst lachte ze er nog om. Nu had ze tijd om rond te reizen. Vriendinnen kwamen haar opzoeken, een verrassingsweekendje Rome. Ze dansten op een leeg Pantheonplein. Maar op 9 maart werd de lockdown afgekondigd, ook de stad ging dicht. Op 10 maart ging ze naar de ondergrondse supermarkt. Een gigantische rij met mensen. Op de roltrap naar beneden kwam een man op haar af die zei dat ze rechtsomkeert moest maken, ja, spurten tegen de richting van de roltrap in. Haar huisgenoot Tamaki en zij trokken zich terug in een cocon. Tamaki bakte okonomiyaki en Jolien pannenkoeken. Op 12 maart boekte Tamaki, die deze kenmerken van massapaniek kende uit de Chinese media, een ticket terug naar Japan. Dat was voor Jolien de druppel; ze vroeg haar zus of ze een vliegticket kon regelen, zelf had ze niet genoeg geld, de prijzen liepen torenhoog op. Vlak daarna las ze in *La Repubblica* dat de Romeinse vliegvelden zouden sluiten, maar wanneer precies? Ze had geluk. Ze kon op een van de laatste vluchten mee. Wanneer Jolien, terug op Vlaamse bodem, haar telefoon opent, ziet ze een bericht van de knappe Italiaan. In alle haast is Jolien vergeten te laten weten dat ze vertrok. *I'm waiting for u to come back*, luidt het bericht.

In Spanje krijgt José (42), Barcelonees in hart en nieren, die afgelopen donderdagavond in zijn favoriete tapasbar nog grapjes maakte over hoe overtrokken anderen op het virus reageerden, te horen dat zijn dochter in thuisquarantaine zal gaan bij haar moeder, zijn ex. Dit druist in tegen de regeling, maar hij besluit er geen probleem van te maken, niet vandaag, niet nu. Hij belt veel met zijn vrienden, iedereen is verward, gealarmeerd, zorgelijk over het behoud van zijn of haar baan. Vertwijfeld gaat hij op zijn balkonnetje staan. Voor het eerst in lange tijd, misschien wel zolang als hij zich kan herinneren, komt het getsjilp van vogels boven alle andere geluiden uit.

'Het is vreemd en fascinerend om van de ene realiteit in de andere te vallen,' noteert George Szirtes (71), een bevriende dichter woonachtig in het Engelse Wymondham, in zijn dagboek. George heeft één vriend die zonder twijfel aan het virus lijdt. Die woont in Londen, waar de meeste gevallen worden gesignaleerd. George en zijn vrouw Clarissa wonen in een voormalige slagerij in een nog voormaliger herberg, tot de nok gevuld met boeken. Als ze thuiskomen, steekt hij zijn sleutel in het onderste slot en zij de hare in het bovenste. Ze draaien de sleutels perfect gelijktijdig om, de zware deur kraakt. Moeten we dan spreken van twee bewegingen, of van één? Het leven in Wymondham – spreek uit Windum, in Norfolk, Boris-country – verloopt stiller dan normaal, maar gaat door. George onderstreept het woord realiteit.

Een nieuwe realiteit ontluikt, of misschien is een oude aan het eindigen. Op Twitter schrijft iemand dat de realiteit zoals we die kenden 'fake' blijkt te zijn. Nu pas, schreef diegene, zien we wat er werkelijk toe doet, wat 'echt' is: in leven blijven. 'Maar dat klopt natuurlijk niet,' noteert schrijver Basje Boer in haar dagboek. 'Dit is een ándere realiteit. Een realiteit die, inderdaad, ons perspectief kantelt: ineens is onze veiligheid het allerbelangrijkste. Maar dat maakt al het andere, alles wat niet draait om overleven, niet minder waardevol.'

Voor de Rotterdamse Loes (27, werkzaam in de gehandicaptenzorg) is de nieuwe realiteit heel concreet: een prikkelende, bonkende, niet-aflatende hoofdpijn. Een paar uur later wordt ze benauwd, en begint te gloeien.

In Colorado komen Zach Edler en zijn vrienden terug van een vijfentwintig dagen tellende raft-expeditie, hun telefoons lieten ze achter. Op het woeste water van de Colorado River, die dwars door de Grand Canyon beukt, voerden ze lange gesprekken, geen onderwerp was te gek. Wat als de wereld nu ineens totaal anders is als we terugkomen, opperde een van hen. Dat kon toch, na een wereldoorlog of zo, door een terroristische aanslag, een virus misschien? Vandaag, vijfentwintig dagen later, bereiken ze de oever en leggen hun peddels neer. Een werknemer van het raftingbedrijf komt ze tegemoet. Hij stelde hun één vraag: hadden ze contact gehad met de buitenwereld? Nee? De man zuchtte en stak van wal. Zach en zijn vrienden konden het nauwelijks geloven. Tom Hánks?

'Ja, echt, Tom Henksj,' fluistert de ene klant van Saïds Amsterdamse groentewinkel tegen de andere. Ik kijk toe hoe ze minutenlang rondstommelen, opvallend lange praatjes aanknopen, overdreven ontspannen naar wisselgeld zoeken. Het is alsof ze mensen spelen voor wie er niks aan de hand is, die hun gewone leven leiden, waarom ook niet, weekend, de zon schijnt.

Anderen, elders, weten hun ongemak minder goed te verbergen. M. vertelt dat een man vlak voor haar neus ging staan, onprettig vlak bij haar gezicht, en in haar gezicht blafte: 'Pas op, hè, niet te dichtbij hè, pas je wel op?' Een vriend van me vertelt dat hij in de supermarkt stond en het laatste pak wc-papier pakte. De volgende klant, die net achter het net viste, schold hem uit voor coronakut. 'Maar,' stamelt hij tegen mij, 'als hij mij te snel af was geweest, was hij dan de coronakut geweest? Is er in elk scenario vanaf nu een coronakut aan te wijzen?'

Die middag vraag ik mijn broer Thomas, ook zzp-schrijver, hoe hij nu zijn geld denkt te gaan verdienen. Hij somt op wat hij misloopt: optredens, voorleesavondjes, artikelen die hij zou gaan schrijven waarvoor nu geen plek meer is. Dan betrekt zijn gezicht: 'Ik besef nu dat ik vooral manieren opnoem waarop ik géén geld ga verdienen.' Hier in Amsterdam bevinden we ons, over het algemeen, nog in het domein van de first world problems. Drie uur in de middag, een foutieve levering bij mij thuis: een balkonset, een tafeltje en twee stoelen. Het is een identieke set als ik twee weken geleden al had ontvangen, een verjaarscadeautje van mijn ouders. Ik zet deze tweede set in de berging. Dat brengt me op het lumineuze idee om de eerste set eens uit diezelfde berging te halen. Op mijn nieuwe stoeltje, uitkijkend op de zonovergoten binnenplaats, denk ik heel eventjes: dit is een perfecte lentemiddag.

Die avond volgt een moeilijk gesprek tussen M. en mij. Ons samenzijn is licht verwarrend: het is heel warm en liefdevol, maar onze prille band heeft zich tot nu toe gekenmerkt door vrijheid. Zij in New York en ik hier – eigen levens, geen huiselijke ergernissen, geen sleur. Nu zijn we opeens tot elkaar veroordeeld. Nu staat de verwarming de hele dag te loeien, en vind ik zeker tweemaal daags een klokhuis op een onverwachte plek. (De badkamer, really?) En zij ergert zich vast ook aan mij. (Hoeveel uren per dag kan iemand naar Bob Dylan luisteren?) Ik kan het gevoel niet van me afschudden dat ik tekortschiet, dat ik niet genoeg doe, of niet leuk genoeg ben. Zou ik deze situatie niet ook kunnen vieren als een onverwacht maar feestelijk samenzijn? Waarom lukt me dat niet? We besluiten dat het misschien goed is als zij even een paar nachtjes bij haar beste vriendin Laura gaat slapen. Laten we het een preventieve romantische quarantaine noemen, zeg ik, opdat het virus niet ook onze liefde aantast.

Vanavond, op de laatste avond dat de kroegen nog open zullen zijn, loopt filosoof Errol naar zijn geliefde Anabel, die in de Amsterdamse kroeg De Spuyt werkt. Binnen: speciaalbier drinkende schreeuwers die denken dat ze gelijk hebben, en corpsballen van het troebelste water. De bovenbuurvrouw hangt aan de bar, haar gebarsten lippen paars van de rode wijn. Als Errol door zijn wimpers kijkt, ziet hij een danse macabre, een grimmige opvoering van fatalistische figuren. Anabel kijkt zoals ze altijd kijkt als ze zich niet op haar gemak voelt: de lippen stijf op elkaar, onrustige ogen, hoofd licht gebogen. Errol, wiens lievelingsgedicht Borges' 'La Chacarita' is, twijfelt: mag hij Anabel nog zoenen? Even later twijfelt hij over zijn twijfel. Want bij nader inzien twijfelt hij helemaal niet. Hij denkt aan Chacarita, die wijk in Buenos Aires die voor een derde uit begraafplaats bestaat, hij denkt aan één vers in het bijzonder: 'Ik heb je woorden van vergankelijkheid gehoord en ik geloof ze niet.' Dus stapt Errol naar voren, hij trekt Anabel naar zich toe, hij zoent haar, zij zoent hem. Met die zoen sluiten ze een pact, een levendig, rebels pact: jij corona, ik corona. Waar massaal wordt opgeroepen om *nee* te zeggen, zeggen twee Amsterdamse geliefden vanavond *ja*.

Zondag 15 maart (dag 120)

In Rotterdam, na een onrustige nacht, ontwaakt Loes koortsig. Ze heeft hoofdpijn, maagpijn, ze is benauwd. Ze tast om zich heen, gooit pijnstillers in haar mond, zuigt aan haar astmapuffertjes.

Overal in het land worden mensen bezorgd wakker, ook ik, zonder M. naast me. We willen onze zorgen met anderen delen, maar durven ze ook niet uit te spreken. Koortsachtig scrollen we langs nieuwssites, op zoek naar feiten. Altijd is er wel een schrikbarende statistiek te vinden. Vandaag: dat vorige week slechts 0,53 procent van alle Nederlandse overledenen aan corona stierf. Afgelopen week was dat 4,42 procent. Waarom volg ik al die feeds zo nauwgezet? Omdat elk feitje groot nieuws is of kan zijn. Hoe weet ik dat zo zeker? Omdat het anders niet live verslagen zou worden. Ik zie dat het een vicieuze cirkel is, en toch blijf ik braaf mijn rondjes lopen, gewoon omdat ik niet de enige wil zijn die erbuiten valt.

Ik kruip terug onder de dekens. Daar kijk ik naar filmpjes van Bill Gates, die acht jaar geleden al waarschuwde voor onze kwetsbaarheid bij een mogelijke pandemie. Michael Osterholm, hoogleraar, epidemioloog en directeur van het Center for Infectious Disease Research and Policy (CIDRAP), schreef in 2017 al een boek over potentiele nieuwe coronavirussen, die zich vanuit China zouden verspreiden. Onheilsprofeten zijn zieners gebleken, en de realisten waren bij nader inzien hopeloos naïef.

Codewoorden die voorbijwaaien op straat: *Spanje*, *zeep*, *1,5 meter*, *bedden*, *besmettingskans verkleinen*.

Een persconferentie, live op televisie, ik ga ervoor zitten. Minister Bruno Bruins van Medische Zorg en Arie Slob van Onderwijs, levensgroot op mijn muur geprojecteerd. Zorgelijke gezichten, opeengeklemde kaken.

Ze kondigen aan dat de scholen en kinderopvangcentra in heel Nederland dichtgaan, en de horeca sluit per direct de deuren, net als sportclubs, sauna's, seksclubs en coffeeshops. Basisscholen, middelbare scholen, mbo-opleidingen, universiteiten en hbo-opleidingen gaan allemaal dicht. De scholen en kinderdagverblijven blijven alleen open voor kinderen van ouders met *vitale beroepen*, zoals in de zorg of bij hulpdiensten. De maatregelen zullen in ieder geval van kracht blijven tot en met 6 april, zegt minister Bruno Bruins, die Nederland op 28 februari op de hoogte stelde van het bestaan van de Nederlandse patient zero. (Overigens blijkt de door Bruins bedoelde patient zero, de zesenvijftigjarige Joost Boons, ondernemer uit Loon op Zand, achteraf lang niet de eerste Nederlandse coronapatiënt te zijn geweest. Hoogstwaarschijnlijk is het spoor van Noord-Italië en Oostenrijk naar Nederland gelopen, middels après-skihutten en carnavalscafés, via kerkdiensten tot in de ziekenhuisgangen.) Verder roept de minister op om 'gepaste afstand van elkaar te houden'. Hij waarschuwt ons alvast: hij weet zeker dat de laatste maatregel nog niet is genomen.

De nieuwe werkelijkheid onthult zich in vier fasen: geruchten, berichten, maatregelen en gevolgen. Na maanden van geruchten, overgewaaid uit China en Italië (in 1346 ook het Europese land dat als eerste werd getroffen door de pest) en een paar weken van alarmerende berichten uit Spanje en Iran, is nu de tijd van de maatregelen aangebroken.

Vlak na de bekendmaking van de maatregelen vindt er een run op wiet plaats. Lange rijen voor de coffeeshops. Op Facebook komt een meme voorbij met de tekst: *Your grandparents were called to war. You're called to sit on the couch. You can do this.* Groenteman Saïd heeft zojuist een lading latex handschoenen en antibacteriële zeep binnen, besteld via een Duitse website. Hij schudt z'n hoofd. 'Jullie en je coffeeshops.' Hoezo is er ineens een *jullie*?

Aan de andere kant van de oceaan, M.'s kant, checken Joren (34) en zijn vriendin Hester (28) in bij Caesars Palace, in Las Vegas. De afgelopen dagen, toen ze stopten in Zion National Park in Utah, Lake Powell in Arizona, de Horseshoe Bend en Antelope Canyon, was er helemaal niets te merken geweest van Trumps maatregelen, behalve dan dat hun kamer maar de helft van het gebruikelijke bedrag kostte. En nog een upgrade ook, een schitterende kamer met uitzicht over de Strip. De rest van de dag lopen ze door de casino's, waar nog altijd wordt gegokt, mensen staan schreeuwend aan de craptafels, en kijken ze met een paar honderd mensen naar de fonteinshow voor het Bellagio, drinken ze cocktails bij Jimmy Buffett's Margaritaville, want ja, 'it's 5 o'clock somewhere!'

Maandag 16 maart (dag 121)

Jens (19) wordt wakker in een doodstil locked down Wenen. Niemand, nie-mand, op straat. Hij moet zijn spullen nog ophalen bij de skischool, nu alle skigebieden dicht zijn is zijn seizoen als snowboardleraar ruw ten einde gekomen. De vader van zijn vriendin, een hoge pief bij het leger, heeft hem laten weten waar de patrouilles plaatsvinden. Als een dief sluipt hij door steegjes en verlaten weggetjes, hij zigzagt van zijn appartement naar de skischool, jachtige blikken over zijn schouder werpend, of iemand hem in de gaten heeft. En zodra hij zijn latten heeft, zo snel mogelijk terug naar Nederland.

Hier is het hamsteren nu echt begonnen. Rick (47), commercieel medewerker van een Albert Heijn in Leidschendam, ziet het bevreemd aan, die gretigheid waarmee pasta, rijst en wc-papier uit de schappen worden getrokken. De sfeer op de werkvloer wordt lacherig, onderling maken de vakkenvullers grapjes om pleepapier per opbod te verkopen. De openingstijden worden verruimd, schoonmakers draaien extra diensten. Wat Rick het meest dwarszit: dat mensen zelfs nu boos worden als hun kind geen plakje worst krijgt.

Online bestellen we massaal thermometers, vrieskisten, broodbakmachines, citruspersen, chocola, handgel, wc-papier, pasta en andere deegwaren, groenteconserven, paracetamol, yogamatjes, halters, tuinaarde, weerstandsbanden, monitoren, laptops, headsets, webcams, microfoons, wifiversterkers en toetsenborden, badmintonnetten (72 keer zo vaak als in deze tijd een jaar geleden), trampolines, verfproducten, puzzels, spelcomputers en bordspellen. (Vooral het bordspel *Pandemic* is in trek.) In de VS kopen mensen andere dingen. 9mm's, .22's, .357's, kogels voor lugers en magnums, .223's en 762-39's voor de AR-15 en de kalasjnikovs. Wij bereiden ons voor op een hongerwinter, zij op een burgeroorlog.

Paranoia kleurt overal anders. In Zuid-Afrika pakt schrijver Mark Gevisser de krant. Hij leest over de eerste 'coronaverdachte' in de West-Kaap. Het woord 'verdacht' (*suspect*) is overal verdacht, maar misschien nog net iets meer in Zuid-Afrika, waar de kranten aids destijds omschreven als 'de homoplaag' of 'de Zwarte Dood'. (*Racial slur intended.*) Misschien is hij de enige met die associaties. Dat hoopt hij eigenlijk. Mark Gevisser slaat de krant dicht.

In Cuba, tijdens hun elf uur durende busreis naar Las Tunas, worden Elfie Tromp en haar vriendje Cesar getroffen door een ander soort paranoia, een die betrekking heeft tot haar eigen lichaam. 'Elke stijfheid, elk steekje,' schrijft ze in haar dagboek annex nieuwsbrief, 'elk beetje hoofdpijn leidt tot meer paniek. Ben ik asymptomatisch, reist het met me mee zonder dat ik het weet?' De bus remt af, ze zijn gearriveerd bij Cesars oma, de matriarch van de familie, het zenuwcentrum van alle familieverhalen. Elfie noteert: 'Cesars *abuela* is bijna blind en heeft een grote fles zuurstof met een vergeeld mondkapje naast haar bed staan. Ze heeft longen als sponzen en de dokters weten niet hoelang ze nog heeft.'

Zo'n drieduizend kilometer naar het zuiden, in Peru, is het een transitiedag, stelt Yvonne (55) vast. Yvonne woont er al eenendertig jaar, met haar man (ontmoet in de jungle in Iquitos) en kinderen, in een zogeheten Peruaanse buurt in Lima; haar buren zijn stuk voor stuk *natives*. De criminaliteitscijfers van de buurt zijn hoog, Yvonne heeft een elektriciteitsdraad op haar buitenmuur bevestigd zodat niemand eroverheen klimt. Gewoonlijk wandelt ze dagelijks naar het strand met haar twee honden, Merlí en Lola; er is niks zo mooi als de zee zien aanrollen in een woestijnachtig land als Peru. Vandaag is er een complete lockdown afgekondigd. Yvonne gaat nog even snel naar de lokale markt. Als een van de laatsten mag ze naar binnen, maar wel vergezeld door zwaarbewapende militairen. Er is een avondklok ingesteld. Tussen 20.00 uur en 05.00 uur mag je niet op straat zijn. Overal militairen en politie.

Ook voor Joren en Hester, in Las Vegas, voelt het gevaar een stuk reëler aan dan gisteren. Hun vrienden sturen gealarmeerde doch onbegrijpelijke berichten over wc-papier, de KLM is onbereikbaar. Na uren en uren van proberen lukt het Hesters vader om een vlucht naar Nederland te vinden, die over een paar dagen vertrekt. Terug in Las Vegas zien ze af en toe lichtborden met waarschuwende teksten, een voor een sluiten de casino's. Dus lopen ze terug naar hun hotel, een paar kilometer over de Strip. Maar door de spanning beseft Joren nu pas dat hij eigenlijk ontzettend moet pissen. Fuck it – hij beent naar een van de met een verordening beplakte deuren. Die blijkt open en daarachter blijkt tot Jorens verbazing alles gewoon nog gaande:

croupiers zijn aan het delen, de balletjes rollen door het rouletterad, de fruitmachines ratelen en pingen, bejaarde gokkers zoeven in hun scootmobiels door de gangpaden. Joren en Hester wagen ook een gokje. Twintig dollar in de pocket. Silver linings, baby.

In Rotterdam belt Loes, inmiddels erg bezorgd over haar koorts, de huisarts. De huisarts zegt dat *het klinkt als* corona. Hoe zou corona klinken? vraagt Loes zich af. Morgen zal iemand van de GGD langskomen. Dan weten ze meer. Wie moet ze bellen? Vrienden, ouders?

Veel van mijn vrienden vertellen me dat ze vermoeiende gesprekken voeren met hun ouders, die het virus maar niet serieus willen nemen. In het Westen, in Nederland maar als ik de Amerikaanse media mag geloven ook in de VS, lijken oudere generaties, vooral wanneer ze zijn opgegroeid in de jaren zestig, meer moeite te hebben met de opgelegde beperkingen. Ze hechten te zeer aan hun vrijheid. Ook mijn moeder moet ervan worden overtuigd dat het beter is om haar afspraken af te zeggen. Maar ja, kun je het haar kwalijk nemen; ze kent niemand die het heeft.

Al dat niet-weten stoort me. Het maakt me kwetsbaar.

Ik ontwikkel nieuwe, grotendeels bijgelovige gewoontes die me kracht zouden moeten verlenen: 's ochtends eet ik een rode peper en een teen knoflook (goed voor bacteriën in de buik) en ik maak sapjes van citroen, limoen, rode peper en gember. (Op internet circuleren tal van nog onnozeler anticoronacheats, zoals het in de magnetron opwarmen van je post, en jawel, het drinken van moedermelk.) Elke ochtend twintig minuten sporten. Opdrukken, sit-ups, squats. En elke ochtend neem ik mijn temperatuur op. Ik voel me gezond, maar net als Elfie vertrouw ik mijn lichaam voor geen cent. Elk kuchje is verdacht, elk ophalen van de neus een potentiële sabotageaanval. Ik leef met een entiteit, een huls, die me elk moment kan verraden. Als ik naar buiten stap, zo ook vanmiddag, waan ik me een jager-verzamelaar. De supermarkten en winkels zijn open, maar voor hoelang nog? Ik heb altijd mijn wollen tas om mijn schouder, voor de nodige boodschappen: groente, fruit, noten. Ik heb mijn sjaal voor mijn mond geslagen en draag leren handschoenen. Beneden in het halletje heb ik een provisorisch ontsmettingscentrum ingesteld: een kleine houten tafel met zeepdoekjes en een kartonnen doos waar je de gebruikte doekjes in kwijt kunt. Na elke strooptocht veeg ik mijn handschoenen en mijn sleutel schoon. Bizar gedrag, dat misschien van levensbelang zal blijken te zijn. (Mensen die ik over mijn gewoontes vertel, vinden dat ik overdrijf. Ik ben anders nog niet ziek geworden, antwoord ik dan.)

Hier in Amsterdam lijkt de aanpassing aan de nieuwe werkelijkheid met horten en stoten te verlopen. Men is ernstig, maar ook niet. Neemt het serieus, maar ook niet. Gelooft de cijfers, maar ook niet. De mensen op straat geven elkaar nog een hand. Drukte in de parken. Een kleuter valt, zodra hij begint te dreinen schieten vier volwassenen hem te hulp. Veel mensen, opvallend veel mensen, volle speelplaatsen en sportpleintjes. Mensen? Ik zie bolletjes, zoals die opduiken in de modellen van de kranten, rondstuiterende bolletjes die verkleuren zodra ze elkaar raken, van gezond blauw naar ziekelijk rood. Met andere woorden: mijn verbeelding maakt van de wereld een petrischaal. (Die nacht zal ik bezweet wakker schieten en in mijn notitieboekje noteren: 'Zou iemand in Nederland Petri Schaal heten? Zo ja, vind hem. Hij heeft misschien wel de sleutel.' Te veel zombiefilms gezien.) Bij de glasbak zie ik een opgerold kleed liggen. Een macabere fantasie – zou het? (Te veel gangsterfilms gezien.) In het licht zie ik stofdeeltjes schitteren, onzichtbare partikels. Is dit het *nieuwe normaal*, of lijden we aan een collectieve psychose? En wat is precies het verschil, als de psychose lang genoeg aanhoudt?

Dezer dagen denkt schrijver Sarah Sluimer veel aan boeken en films over een plots blinde of dode wereldbevolking. 'Maar het wringt,' noteert ze in haar dagboek, dat ze publiceert in *Vrij Nederland*. 'De scripts die we kennen voldoen niet. We zijn niet voorbereid. Hoe zou dat ook kunnen: we weten niet in welk stuk we zijn beland.'

Het is een vertekening waar ik me niet genoeg bewust van ben geweest toen ik oude oorlogsdagboeken las: destijds wist niemand hoelang de oorlog zou duren. Die vijf jaar, in ons geheugen geëtst, zijn achteraf bij elkaar opgeteld. Een constante in die dagboeken: dat mensen dachten dat het korter zou duren dan het duurde. (Doet me denken aan die bekende grap van Theo Maassen. Dat ze halverwege de Tachtigjarige Oorlog ook niet dachten: hè gelukkig, we zijn op de helft.) Niemand weet hoelang dit gaat duren. Tot 6 april? Dat lijkt me erg optimistisch. Hoelang kunnen de winkels dicht blijven voordat de economie in elkaar stort? Nog vier weken? Nog zestien? Ben ik een personage in een oorlogsdagboek geworden?

In de afwezigheid van antwoorden blijven de vragen komen. Hoe zullen we over maanden en jaren terugdenken aan deze tijd; zal het voortleven als een trivia-feitje, zoals de dotcombubbel of iets in die orde van grootte, als een *weet je nog, die paar gekke weken*? Of zal het een fundamentele breuk vormen, een ineenstorting van de gezondheidszorg en de economie, een keiharde lijn in de geschiedenisboeken, *vóór corona* en *na corona*? Beide uitkomsten lijken me, om verschillende redenen, onverteerbaar.

Een kennis, Sophie (31), sms't me dat ze vandaag is opgelicht, een internetscam deed haar medische kosten betalen die helemaal niet bestonden. Ze wil niet vertellen hoeveel haar afhandig is gemaakt. Volgens mijn ex (28) laat het virus zien dat we ten diepste egocentrisch en tribaal zijn, zegt ze, terwijl ze me belt vanuit de supermarkt en moppert dat de kimchi op is. Er is ook geen pasta meer, geen wc-papier, er zijn geen eieren. Op hetzelfde moment krijg ik een phishing-sms van 'de Rabobank', die stelt dat mijn betaalpas verlopen is, of ik mijn gegevens wil geven voor een nieuwe. 'Jij bent de duivel,' sms ik terug. (Geen reactie. Typisch Satan.)

Ondertussen, in La Línea de la Concepción, een stad nabij Gibraltar, wordt een konvooi van ambulances, vol zieke ouderen, bekogeld met stenen. Hun verpleeghuis in Alcalá del Valle wordt ontsmet, vandaar dat ze in quarantaine moeten in La Línea. De betogers, vooral jonge mensen, schreeuwen beledigingen en gooien vanaf de daken met huisraad en afval. Een paar dagen later zullen cyberaanvallen plaatsvinden op Spaanse ziekenhuizen, om losgeld los te peuteren. Daarvan zou de duivel waarschijnlijk zelfs zeggen: tikkeltje ordinair, no?

Maar er zijn ook voorbeelden van het volstrekte tegendeel: van mensen die lijken te bewijzen dat mensen in beginsel sociaal zijn, en vol empathie. Nieuwe vrijwilligers, die zich inzetten om voor de buurt boodschappen te doen, restaurants die hun eten aanbieden aan de Amsterdamse minima, mensen die bloed doneren. Twee dagen later zal ik een (massa)mail krijgen van Jesse Klaver, van GroenLinks: 'Deze crisis laat ons zien wie wij ten diepste als mensen en als samenleving zijn. Geen homo economicus, maar homo empathicus.'

's Avonds houdt premier Rutte een speech voor het hele volk, vanuit zijn volledig uit houtkleurige tinten opgebouwde werkkamer in het Torentje, volgestouwd met zorgvuldig uitgezochte rekwisieten, vooral boeken.

Iedereen zit aan de schermen gekluisterd, bij elke persconferentie weer. Bureaucraten en regelneven worden geacht op te treden als zieners. Dat geldt voor ministers Bruins en Slob bijvoorbeeld, maar vooral voor Jaap van Dissel, de directeur van het Centrum Infectieziektebestrijding van het Rijksinstituut voor Volksgezondheid en Milieu (RIVM), met zijn puntige witte goudeneeuwbaardje en zijn nicotinegele snor. Gebarentolk Irma Sluis is zelfs een nationale mascotte geworden. Irma maakte het gebaar voor 'hamsteren' groot: een graaiende beweging met beide armen, terwijl je met je kaak een centenbak vormt. Irma ging viral, schreven kranten zonder gevoel voor *le mot juste*.

Ruttes handen zijn gevouwen, zijn gezicht staat gepast ernstig. Geen zachte heelmeesters meer. 'Er is geen eenvoudige of snelle uitweg uit deze zeer moeilijke situatie. De realiteit is ook dat de komende tijd een groot deel van de Nederlandse bevolking met het virus besmet zal raken.' Hij legt uit dat er grofweg drie scenario's zijn waarmee we het virus te lijf kunnen gaan: het virus laten uitrazen, een volledige lockdown, en een tussenweg, die van maximale controle door middel van social distancing. Het nadeel van laten uitrazen: een totale overbelasting van het zorgstelsel. Het nadeel van de lockdown: dat het hele land stilligt, en het virus weer opduikt zodra de stillegging wordt opgeheven. Rutte heeft zijn koers gekozen, de koers die Hollanders meestal kiezen, en die we zelfs tot leidmotief van ons poldermodel hebben uitgeroepen: de tussenweg. Op die manier zullen we, is zijn hoop, groepsimmuniteit opbouwen, en dat is belangrijk om het virus op termijn in te dammen.

In zijn boek *The Rules of Contagion* (2020) legt biostatisticus Adam Kucharski uit dat populaties van getroffen gebieden bestaan uit drie soorten mensen: vatbaar, besmet en hersteld. Wanneer het aantal vatbaren kleiner wordt en het herstel toeneemt, wordt het risico dat de overgebleven vatbaren een besmet iemand ontmoeten kleiner. Zo vlakt een epidemie af, en ebt ze weg. De vraag is of dit wegebben zal gebeuren vóórdat of nádat de maximale capaciteit van de gezondheidszorg is bereikt. Met 50 procent van de informatie moet hij 100 procent van de beslissingen nemen, zei hij al eerder. Het zal moeten blijken of zijn koers de juiste is geweest. Rutte: 'Veel mensen zullen het gevoel herkennen dat we de laatste weken in een achtbaan zitten die steeds sneller lijkt te gaan rijden. Want de maatregelen die hier en elders worden getroffen zijn ongekend voor landen in vredestijd.' Rutte heeft helder en krachtig gesproken. Het beeld gaat op zwart.

In Frankrijk heeft president Macron zojuist verklaard dat het land in staat van oorlog verkeert. *Nous sommes en guerre.* 'Dat is het dus, oorlog,' noteert schrijver Dimitri Verhulst in zijn Franse huis, in een dagboek dat hij dagelijks op de website van zijn uitgeverij publiceert. Macron is niet de enige die de oorlogsmetafoor gebruikt. De Spaanse premier Sánchez noemt het een gezondheidsoorlog. Trump heeft het over een oorlog tegen een onzichtbare vijand. De Duitse bondskanselier Merkel roept wel oorlog in herinnering, maar net op een andere manier; zij noemde deze periode de ergste crisis sinds de Tweede Wereldoorlog. Historisch gezien zijn Duitsland en Frankrijk (maar ook Engeland), waar vaak één persoon of één raad dan wel hof de macht had, altijd doortastender geweest in het bestrijden van besmettelijke ziekten dan Nederland, waar de verschillende steden en gewesten voortdurend met elkaar moesten overleggen om tot iets te komen, wat dan vaak te laat of halfslachtig gebeurde. Macrons eerste oorlogsdaad: hij heeft het land op slot gegooid. Met ingang van vandaag mag Verhulst zijn huis alleen verlaten met een ingevuld formulier, een 'attestation de déplacement dérogatoire'.

Te gebruiken om naar de arts te gaan en voedsel te kopen. De volgende dag, wanneer Verhulst naar de supermarkt gaat, wordt hij staande gehouden door de gendarmes.

In Brussel krijgt de Vlaamse schrijver Frederik Willem Daem, Freddy voor intimi, de eerste paniekaanval uit zijn leven. De afgelopen dagen was hij, ondanks de dreiging die in de lucht hing, vooral te vinden in cafés. Hij ging op kroegentochten met vrienden, sprak er met journalisten over zijn toen nog binnenkort te verschijnen boek (inmiddels uitgesteld), hij leidde het leven dat hij anders ook zou hebben geleid. Op 30 januari had hij al in zijn dagboek genoteerd: 'Ik leef in tijden van het coronavirus. Hoewel er "maar" 170 doden zijn gevallen, is de uitbraak zonet uitgeroepen tot een internationale noodsituatie. Is dit dan het begin van het einde?'

Freddy's relatie met zijn lichaam is aan het veranderen. Hij heeft een drukkend gevoel op zijn rechterlong. 'Ik lijk moeite te ondervinden om diep in te ademen,' noteert hij in zijn dagboek, 'waardoor dat het enige is wat ik nog echt wil: diep inademen. Ik zie het proces voor me. Lucht die ik naar binnen zuig, die via mijn luchtpijp naar mijn longen stroomt, om zich daar te verspreiden in de bronchiën, de bronchioli en uiteindelijk te belanden in de longblaasjes, waar koolstofdioxide wordt omgewisseld voor zuurstof. Het voelt alsof ik deze laatste stap oversla. Uit het niets ben ik verwikkeld geraakt in een strijd met mijn eigen lichaam, op elk moment heb ik het gevoel dat ik ga stikken, ik kan aan niets anders denken dan ademen. De paniekaanvallen onderdrukkend, ben ik de stad ontvlucht.' Freddy trekt naar de Ardennen, waar voldoende zuurstof is, lijkt te zijn, hoort te zijn. Slapen doet hij nauwelijks, hij wacht simpelweg, tot de avond vervloeit in de nacht, en de nacht in de ochtend.

Dinsdag 17 maart (dag 122)

'Bizar,' schrijft de Groningse Eline (20) in haar dagboek. 'Het is echt bizar. De straten zijn stil. Ik ben gisteravond gaan wandelen maar er is niemand op straat. Horeca is dicht. Uni is dicht. Scholen zijn dicht. Kinderopvang is dicht.' Het hele land verhoudt zich tot nieuwe waarheden; het openbare leven desintegreert. Restaurants, cafés, bioscopen; alles dicht. Hoteliers die gewend zijn hun zaak vierentwintig uur per dag open te hebben, installeren sloten, of vervangen deuren, ze ontkoppelen lampen die niet eens een uitknop blijken te hebben. Veel dierbare klanken zijn verstomd; het geluid van de orkestbak als de instrumenten worden gestemd; van de bioscoop als de filmrol begint te draaien; van het café wanneer de eigenaar de laatste ronde aankondigt. Andere klanken mis ik niet: het geklapper van de rolkoffertjes of het gebrom van vliegtuigen die het luchtruim doorkruisen. Langzaam begint ook de tijd haar reliëf te verliezen. Afspraken worden doorgestreept, agenda's worden leeg. Elke dag is een zondag. Zonder afspraken voelt de tijd vlak aan, leeg, eindeloos. Eline schrijft verder in haar dagboek en noteert een gedachte waar ze van schrikt: 'Misschien wordt het nog wel veel erger.'

Voor Loes in Rotterdam is het inmiddels erger geworden: ze is positief getest. Ze moet thuisblijven, en mag pas worden *ingestuurd* als haar koorts omhoogvliegt of als ze benauwder wordt. Het is gek om thuis te zijn, ze vindt het zwaar, vooral omdat de kranten vol staan met háár ziekte, en het op social media over niks anders lijkt te gaan. Ze heeft het gevoel dat ze opknapt, maar als ze het nieuws volgt is het alsof ze doodziek zou moeten zijn. Voelt ze zich nou schuldig omdat het niet slechter met haar gaat? Tot 1 april kan ze niet naar haar werk, daarna gaat ze verhuizen, ook spannend. Gaat de sleuteloverdracht nog door?

In New York weet schrijver Leslie Jamison precies hoe slecht het met haar gaat, hoe het virus *voelt*. 'Als trillen onder de dekens,' noteert ze. 'Als doorgezwete lakens. Als een hete jeuk achter mijn ogen. Als mijn dochtertje, die met haar kleine armpjes nog een deken over me heen trekt. Als een spierpijn die het lastig maakt om stil te liggen. Als het wegvallen van smaak, een sensorische quarantaine. Het is alsof de quarantaine steeds dichterbij komt, steeds dieper komt. Eerst verloor ik de aanraking van andere lichamen. Daarna verloor ik de lucht.'

Het is twaalf uur 's middags als ik door het raam van mijn werkkamer opnieuw naar mijn overbuurman kijk, zijn dochtertje ligt in zijn armen. Hij legt haar de wereld uit, zoals vaders al honderdduizenden jaren doen. Ze duikt weg in zijn schouder, op zoek naar veiligheid. Sommigen zeggen dat er over negen maanden een nieuwe babyboom zal ontstaan. Anderen voorspellen een record aan scheidingen. Ik zet mijn geld op een combinatie van de twee. Wat zouden de kansen voor M. en mij zijn?

De gezinnen van ons land zitten thuis, filmpjes van spelende kinderen gaan rond op Instagram, men probeert de moed erin te houden; *eindelijk tijd om die roman te schrijven, eindelijk qualitytime*, duizenden mensen bellen met elkaar, wisselen recepten uit, en tips over hoe je met de kinderen een boot kunt maken van karton. Veel ouders zijn óók dankbaar voor de tijd die ze ineens hebben om hun kinderen te zien opgroeien. Mijn geliefde achternichtjes, Rosa (3) en Bibi (5), op wie ik eindeloos heb opgepast en die ik een tijdlang naar de crèche heb gebracht, spreken van een coronavakantie. (Bibi spreekt het op z'n Jordanees uit, als kurroooonaah.)

Vooral onder singles raakt het woord 'zelfquarantaine' in omloop, een preventieve, individualistische update van de algemene quarantaine, een begrip zo oud als de Bijbel. In de Bijbel werd de uitstoting van melaatsen voorgeschreven, en toen Europa in 1346 werd overspoeld door de pest, kregen pestlijders dezelfde behandeling als de melaatsen in Het Boek. Hoewel quarantainemaatregelen niet altijd effectief bleken, was het psychologisch gezien fijner om iets te doen dan om niets te doen, en zo groeiden ze, na ook in Dubrovnik (Ragusa) in 1377 (waar men een besluit nam met de tekst *veniens de locis pestiferis non intret Ragusium nel districtum*, oftewel: 'wie uit plaatsen van pest komt mag Ragusa en omstreken niet in') en in Venetië in 1485 te zijn toegepast, uit tot een vast deel van ons repertoire aan reacties op besmettelijke ziekten. Het woord ‘quarantaine’ is afgeleid van het Italiaanse ‘quaranta giorni’, dat ‘veertig dagen’ betekent: de vereiste tijdspanne die zo’n medische afzondering behoorde te duren.

Maar wat is quarantaine echt, vraagt Rodrigo Blanco Calderón, een Venezolaanse schrijver woonachtig in locked down Málaga, zich af. ‘Het is dode tijd,’ noteert hij in zijn dagboek, ‘het is een absolute leegte, overal aanwezig, onzichtbaar voor het menselijk oog.’

In Madrid, het epicentrum van de Spaanse outbreak, noteert Miguel-Anxo Murado, een Spaanse oorlogsverslaggever, in zijn dagboek dat hij wel gewend is aan avondklokken. ‘Maar nooit heb ik zoiets meegemaakt als dit. Een avondklok die voor een heel land geldt, misschien binnenkort zelfs voor de hele planeet, en een gevaar dat zowel minuscuul als onzichtbaar is. Tijdens oorlog is angst luidruchtig. Nu neemt hij de vorm aan van een spookachtige stilte.’

Zomaar ineens, in de verloren uren van de zelfquarantaine, beleven we momenten waarop alles stil lijkt te staan. ‘In de verte klinkt een brommer,’ zal dichter Lieke Marsman vier dagen later in de krant schrijven. ‘Twee huizen verderop verschuift iemand een zwaar meubel. In de wasmachine geeft een ronddraaiende ritssluiting het ritme aan waarop de bomen in de straat heen en weer wuiven. En dit alles vergezeld door een stand van de zon waaronder je normaal gesproken helemaal de tijd niet neemt om even om je heen te kijken, niet op maandag. Het is een gek licht, dit licht in onze woonkamers. Het is onmogelijk te zeggen of het eindtijdlicht is of een ordinair zonnetje. Voorlopig is het allebei.'

Ook ons werk verstilt. Geen verplaatsingen meer, iedereen werkt thuis. 'Nog nooit heb ik in een week tijd zoveel geskypet,' constateert Gerard Bras (docent Nederlands als tweede taal, 27). 'In een week tijd ben ik, via het computerscherm, bij vrijwel iedereen thuis geweest. Bij sommigen loopt een partner langs of dartelt een kind voorbij. Namen die tijdens lunchpauzes weleens voorbij zijn gekomen blijken plots bij echte personen te horen. Er klinkt zo nu en dan muziek. Keiharde Bruce Springsteen bij iemand van wie ik Mozart verwacht en Mozart bij iemand van wie ik keiharde Bruce Springsteen verwacht. De ene collega draagt kleding die ik ken en die zegt: ik werk. De ander heeft iets aan dat zegt: schiet op, ik heb nog twee seizoenen *Breaking Bad* voor de boeg.'

Nieuwe computerprogramma's worden geïnstalleerd, maar ook oudere communicatiemiddelen herwinnen hun waarde. 'We werden weer stemmen voor elkaar,' dicht Ingmar Heytze. 'We belden op // toen dat nog kon alleen maar om te zeggen *ben je er nog, ik ook.* // We begonnen brieven te schrijven. Postbodes stegen in aanzien, // één vel postzegels kostte een maandsalaris of een rol WC-papier, // als iemand een kind vroeg wat het later, als alles voorbij was // zou willen worden, zei het: postbode.'

‘Verschillende collega’s spreek ik vandaag over de telefoon,’ noteert ambulant medewerker Aafke (34) in haar dagboek. ‘We maken grapjes in de appgroep over onze kinderen en dat we ze nu al zat zijn. Nog minimaal drie weken. Een voordeel: we hebben meer tijd dan normaal. Dat doet mij wel goed en ik merk dat ik ook meer van Fenna kan hebben dan normaal. Ze wil liever niks van corona weten en vindt het allemaal heel stom. Dit uit zich o.a. in opstandig gedrag.’

Overal in Nederland worden papa’s meesters en mama’s juffen. In de groepsapps van schrijver Basje Boer klagen haar vriendinnen naar hartenlust over de verdeling van de taken. ‘Teleurstellend dat zaken als de opvoeding van de kinderen, het lesgeven en de huishoudelijke taken in tijden van crisis vooral worden afgeschoven op de moeder,’ schrijft Basje in haar dagboek. ‘Bewijst ook maar weer hoe moeilijk het is om feminisme los te zien van klasse.’

‘Beste opa en oma,’ schrijft de zesjarige Jessy. ‘Ik stuur jullie deze brief omdat ik jullie een hele tijd niet kan zien. Ik mis jullie nu al. Ik kan niet meer naar school. Ik zie mijn vrienden niet meer. Het is echt stom. Ik hoop dat jullie niet ziek zijn en dat jullie snel weer op mij kunnen passen. Ik denk aan jullie.’ De negenjarige Simon schrijft aan zijn oma (66), die net uit het ziekenhuis komt na haar chemokuur: ‘Hoi oma, wat een gekke tijd. En jij dan, aan de chemo. Wat doe je eigenlijk de hele dag? Want wij (ik denk alle kleinkinderen) zitten gewoon aan hun huiswerk. Maar jij bent al met pensioen. Dus wat doe jij de hele dag thuis?

En ik kan ook andere dingen doen, zoals buiten spelen. Maar dat kun jij ook even niet. Maar ik heb nog een vraag: ben jij bang voor het virus? Doei.'

In Utrecht vraagt visueel artiest Hanna Maas (31) op Instagram of mensen haar hun corona-angsten willen vertellen. Ze krijgt veel respons. De genoemde angsten: *dat mensen uit paniek gaan handelen*; *dat ouderen in een sociaal isolement raken*; *dat mijn chronisch zieke moeder het krijgt*; *dat ik werk moet doen dat me weinig vrijheid geeft*; *dat mijn personeel ziek wordt*; *dat een van mijn dierbaren iets overkomt*; *dat collega-ondernemers en zzp'ers hun onderneming zien sneuvelen*; *dat iemand van wie ik houd aan de beademing moet en er geen plek meer is*; *dat het groter is of wordt dan dat we nu denken*; *dat er voorlopig niemand mag of kan genieten van onze camping*; *dat ik overprikkeld raak omdat de kinderen steeds thuis zijn*; *dat we deze crisis niet gebruiken om ons leven te beteren*; *dat we hierna verder gaan alsof er niets is gebeurd*. In de Verenigde Staten bestudeert psycholoog Deirdre Barrett (Harvard) al vier decennia lang dromen. Barrett zegt dat veel mensen nu rare dromen hebben, veel over insecten, monsters, vloedgolven.

Dromend of niet, we lopen voort, voetje voor voetje en stapje voor stapje, al hebben we geen idee waar de horizon is. Maar de horizon komt wel weer terug, zeggen we tegen elkaar. Maar de horizon komt wel weer terug, typ ik in een bericht aan M.

We moeten hoop houden. Houden? Nee, we moeten hoop vinden. Tussen die lawine van nieuwsfeitjes en onrustbarende factoïden moeten we op zoek. 'Het nieuws blijft ons insluiten,' noteert George in zijn voormalige slagerij op het Engelse platteland. 'We weten niet hoelang het zal duren voordat het virus weer voorbij is of hoelang het gewone leven nog wordt opgeschort. Het kan een paar maanden duren, misschien een jaar, maar het zal het politieke landschap grondig veranderen. Misschien wel ten goede.'

Het is een sentiment dat ik vaker hoor. Het zou best eens een belangrijk moment in de geschiedenis kunnen zijn. Een kritiek punt, een kantelpunt, een keerpunt. Een moment waarvan we later kunnen zeggen: het was rampzalig, maar vanaf toen werd het beter. Is de nacht niet op z'n donkerst vlak voordat de zon opkomt? Het is zaak om dit moment te benutten. Ideeën die voorheen werden weggezet als theoretisch geneuzel of idealistisch gedagdroom, zoals het universeel basisinkomen, worden nu serieus besproken, op de burelen van financiële instellingen, in de krant, zelfs op straat.

Ikzelf hoop vooral dat het tribalisme dat de wereldpolitiek al een paar jaar in zijn greep houdt, die eeuwige verdeling tussen het ene kamp en het andere, met elk zijn eigen waarheid, zal verflauwen nu er een gemeenschappelijke vijand is. In de mist van *alternative facts* en samenzweringstheorieën is immers een onbetwistbare waarheid tevoorschijn gekomen: dat virus dat eraan kwam, dat er was, dat deel van ons werd. Wekenlang bagatelliseerde de conservatieve Amerikaanse televisiezender FOX News het virus, het zou allemaal wel meevallen, het was vooral een wapen voor de Democraten, de *liberals* en de *Never Trumpers* die de president voor de zoveelste keer met nepnieuws wilden pootje haken. Maar langzaam daagde het ook bij FOX dat het virus niet kon worden weggezet als een politieke truc. Hoe langzaam dit gebeurde, hoe geleidelijk, kun je afleiden uit de uitspraken die Trump zelf over het virus heeft gedaan.

30 januari: 'We hebben het helemaal onder controle.'
2 februari: 'We hebben het de nek omgedraaid.'
10 februari: 'Veel mensen denken dat het weg zal zijn in april, als het warmer wordt. Het zal op miraculeuze wijze verdwijnen, en ik hoop dat het waar is. Maar wij zijn in great shape.'
19 februari: 'Ik denk dat de statistieken steeds beter zullen worden.'
23 februari: 'We hebben het onder controle in dit land.'
26 februari: 'Amerikanen lopen heel weinig risico.'
27 februari: 'Op een dag zal het verdwijnen, als door een wonder. Het kan ook slechter worden voordat het beter wordt, of het wordt meteen beter. We zullen zien wat er gebeurt. Niemand weet het echt.'
28 februari: 'Nu maken de Democraten het coronavirus tot een politiek wapen. Dit is hun nieuwe hoax.'
29 februari: 'Zij maken hier een hoax van, bedoelde ik. Je kunt het virus zelf geen hoax noemen, dit is very serious stuff.'
6 maart: 'Iedereen die een test wil, zal er een krijgen.'

7 maart: 'Ik maak me totaal geen zorgen.'
10 maart: 'Het virus zal verdwijnen, we moeten kalm blijven.'
11 maart (de dag van de travel ban)*: 'Dit is de grootste en meest agressieve poging om een buitenlands virus tegen te gaan in de moderne geschiedenis.'*
12 maart: 'Vergeleken met andere landen zijn wij in great shape.'
14 maart: 'Ik neem hier totaal geen verantwoordelijkheid voor.'
16 maart: 'Het voltrekt zich overal ter wereld, het is ongelooflijk wat er aan het gebeuren is, in zo'n korte tijd.'
17 maart: 'Ik heb het altijd geweten.'

Inmiddels is de Nationale Garde lang en breed ingezet in New Rochelle, New York (om schoon te maken) en is het openbare leven in New York City tot stilstand gekomen. Gouverneur Cuomo van New York, tegen *The New York Times*: 'De vijand zit nog net niet in het schuttersputje. Maar er zullen duizenden mensen doodgaan. En deze crisis heeft aangetoond dat er vakmensen nodig zijn als politici. Geen celebrity's, geen realityshowmensen.' Wie dan wel? Deskundigen, wetenschappers, artsen.

De broer van een vriendin van me, een arts, zegt dat het virus, na al gewoed te hebben in Noord-Brabant (vermoedelijk dankzij een versnelde verspreiding door carnaval) zich vanaf overmorgen snel in de Randstad zal verspreiden. Aan het einde van de dag loop ik langs de outdoorwinkel Kathmandu, bij mij in de straat, en overweeg de aanschaf van een bijl. Thuis heb ik een moker liggen die ik in het uiterste geval zou kunnen gebruiken om zombies van me af te slaan; een formidabel wapen, ze zouden me de zombieslayer noemen.

Wanneer het begint te schemeren krijg ik een sms van mijn broertje. 'Op gladde oppervlakten als metaal, glas of plastic,' schrijft hij zorgelijk, 'kan het virus wel negen dagen actief blijven.' Om toch nog iets positiefs te melden zeg ik dat de zanger van Bløf nu maaltijden bezorgt.

Later krijg ik een telefoontje. Joop Goudsblom is overleden. Een van onze grootste sociologen, en een schrandere, nauwkeurige denker, met wie ik, mag ik zeggen, een band had. Niet veel mensen zullen stilstaan bij Joops dood, want hij stierf niet aan corona. De komende tijd zullen meer doden niet de eer krijgen die ze verdienen. Komende dinsdag zal hij worden begraven, maar niemand mag erbij zijn.

Om acht uur 's avonds klinkt er in het hele land applaus voor de ambulancebroeders en het ziekenhuispersoneel, mensen hangen uit de ramen, staan op straat, ook ik moet toegeven dat het ontroerend is, het zijn uitingen van een saamhorigheid die ik nog nooit eerder heb gezien of ervaren. De zesentwintigjarige onderwijskundige Angela hangt ook uit het raam, in Leiden, driehoog. 'Ik klapte mijn handen rood,' schrijft ze in haar dagboek. 'En ik keek naar mijn mooie stad, en ik zag, op een vrij drukke weg, een vrouw stoppen met fietsen. Ze stapte af en drie minuten lang applaudisseerde ze met ons mee. Dat gaf me toch wel even kippenvel.'

Dat woord, of het afgeleide 'kippenvelmoment', valt vaak in de beschrijvingen van dit applaus. Al die mensen die daar in het donker staan te roepen, denkt Sarah Sluimer bij zichzelf. Ontroerend, natuurlijk. 'Maar ook voelde het,' schrijft ze in haar dagboek, 'terwijl ik daar op ons grasveldje stond, te gretig. Soms lijkt het alsof we ons nu al naar het einde willen haasten: het louterende applaus, de catharsis, de bevrijding. En dat terwijl we nog helemaal niet werkelijk tot stilstand zijn gekomen. De echte verveling, eenzaamheid, angst en ontregeling moeten nog beginnen.'

En hoe zullen we daarop reageren?

Als homo empathicus of als homo economicus? Zijn we hobbesiaans, zijn wij mensen de mens een wolf? Of zijn we eerder bregmannetjes, die uiteindelijk, diep in ons hart, wel degelijk deugen? Zijn we echt het een of het ander?

Natuurlijk niet. Maar een crisis als deze brengt beide kanten van de mens tot uiting, onze lichte en donkere eigenschappen worden sterker aangezet, als het ware gesublimeerd. Het is aan ons te bepalen in welke sublimatie we ons het meest herkennen, en welke we het liefst benadrukken.

Woensdag 18 maart (dag 123)

Wat verandert, en wat niet? De ochtend houdt zich aan zijn schema, de avond ook. De wolken doen hun werk nog, de vogels kwetteren. De linkerhelft van mijn bed is leeg. Ik begin de dag met het beluisteren van de podcast van relatietherapeut en millennial-idool Esther Perel, waarin ze met stelletjes spreekt die worstelen met de quarantainemaatregelen, ofwel doordat ze gedwongen samenwonen terwijl ze dat helemaal niet willen of aankunnen, ofwel doordat jarenlang opgekropte frustraties er tijdens deze absurde, bijna toneelmatige setting ineens uitkomen. Vandaag spreekt ze de man van het stel streng toe, veel strenger dan haar gewoonte is. Hij moet deze periode als een project zien, zegt ze, of zelfs als een missie, ja, het is zijn missie om hen zo goed mogelijk door deze tijd heen te loodsen. Hoewel ik de gedachtegang vrij bevoogdend vind (hoezo is het zijn missie om haar te beschermen?), sluit het onderliggende gevoel, dat het onder deze omstandigheden nobel is je gevoelens, gedachten, alsook al je neurotische bullshit, even terzijde te schuiven om ervoor te zorgen dat jullie er samen heelhuids doorheen komen, goed aan bij het mijne. Maar is die koers echt zo verstandig? Als je inderdaad alles laat wijken om het samen te doorstaan – hoe weet je dan nog wat je, onder die beschermlaag van nobelheid en plichtsbetrachting, echt voelt? Ik sta op, doe mijn oefeningen, drink mijn merkwaardige brouwseltje. Is het slecht van mij dat ik hoop dat M. mij mist?

Gemis beweegt de Utrechtse Fabrice (25, student levensmiddelentechnologie) ertoe om haar ex Martijn een brief te sturen. Toen ze drie maanden geleden afscheid namen, was ze te verdrietig om oog te hebben voor de goede herinneringen. 'Je lach,' schrijft ze. 'Je lach als je lacht om je eigen grappen die je zelf ook slecht vindt, je krullen, hoe sexy je bent onder de douche, je bent eerlijk, ik kon je vertrouwen, die keer dat je me helemaal naar de slaapkamer hebt getild, dat je altijd vroeg wat ik wilde zeggen als ik het niet zei, en dat je nooit iets voor me invulde als ik de woorden niet kon vinden, dat ik van je kon leren en naast je kon groeien, je slaperige ogen als ik naast je wakker werd, hoe goed je kunt zoenen, alle moed en kracht die je toonde in je kwetsbaarheid toen het zo ingewikkeld was tussen ons aan het eind, op Down The Rabbit Hole in een tentje... Dat je oog hebt voor de wereld en de mensen om je heen, en nog een miljoen andere dingen. Soms kun je heel veel van iemand houden, maar niet bij elkaar passen. Blijf altijd jezelf, je bent een van de mooiste mensen die ik ken.'

Mijn vrienden, geliefden en familieleden maken het goed. Mijn moeder is gezond, mijn vader blijft toch al graag binnen. Hij heeft diabetes, dus valt in een risicogroep. En hij rookt stevig, altijd gedaan, zal nooit veranderen. Je denkt toch niet dat een dodelijk virus dat zich nestelt in de longen hem van zijn peukie afhoudt? Aan de telefoon praat ik op hem in: blijf zo veel mogelijk binnen. Als je je vaste ronde naar de papierbak maakt, raak dan de klep niet aan. Deze crisis is, besef ik ineens, misschien wel het eerste dat hij niet eerder heeft meegemaakt dan ik, het eerste dat we helemaal gelijktijdig meemaken.

Mijn oma, zesennegentig jaar oud, heeft het zwaar in haar verzorgingstehuis. Het zien van familie is het voornaamste dat haar op de been houdt. 'Als ik jullie toch niet had' is een staande uitdrukking van haar. En nu mag ze niemand meer zien. Volgens mijn broertje raakt ze een beetje verward. Gisteren heeft hij lang met haar gebeld, waarna ze tegen mijn moeder zei dat ze zo blij was dat hij was langsgekomen. M.'s moeder is vrijwilliger in een hospice in Oldenzaal. Zij vertelt dat de alzheimerpatiënten volledig in het duister tasten, verward vragen ze zich af waarom niemand hen komt bezoeken.

Dan blijken Rosa en Bibi de afgelopen twee dagen hoge koorts te hebben gehad. 39,5 graden, dus net niet de beslissende 40 graden waarmee je je naar de dokter moet spoeden. Ze hoesten en vannacht ijlden ze. Maar juist vandaag lijkt de koorts te zijn gaan liggen. Misschien hadden ze het en zijn ze nu immuun. Misschien was het een griepje en kunnen ze het nog elk moment krijgen. In elk geval zijn ze nu weer vrolijk. Hun gezichtjes vullen mijn scherm, ze maken weer grapjes over hun coronavakantie, en leggen me uit waarom wc-papier zo belangrijk is, *een rolletje voor een drolletje*. Ik vertel ze dat ze nu iets meemaken wat ik ook nog nooit heb meegemaakt; misschien is dit wel het eerste wat we helemaal gelijktijdig meemaken. Ze zijn niet onder de indruk. Bibi vindt het saai om over corona te praten, en Rosa heeft een wondje op haar teen, dat ze graag wil laten zien, het scherm wordt huidrood en gaat dan uit.

In afwachting van het rode lichtje van de camera dat straks gaat branden en de schermen die overal in Nederland zullen aanspringen, wandelt Jaap van Dissel naar het Kamergebouw. Hij draagt zijn oude bruine Tumi-rugzak, zwaar van de powerpointkopieën voor de Kamerleden. (Want nee, Jaap van Dissel is géén aktetassenman.) In het Kamergebouw krijgt hij een kop koffie aangeboden, waterige filterkoffie, geen cappuccino, zoals hij zou hebben gekozen. Van Dissel wacht tot hij wordt opgeroepen, hij heeft geen ritueeltjes voor die laatste minuten, en van uiterlijke ijdelheid heeft hij ook weinig last: zolang zijn overhemd maar onbevlekt is. Natuurlijk had hij nooit verwacht deze rol te moeten vervullen, die van moderne landsdokter, een ambt dat in de achttiende eeuw werd ingericht, dat diende als schakel tussen politiek en medische wetenschap, de landsdokter gaf leiding aan artsen, chirurgijns en heelmeesters. Ook als de camera's straks draaien, zal Jaap van Dissel doen wat hij ook graag doet aan zijn patiënten: verduidelijken en uitleggen. Gisteravond heeft hij zijn powerpointpresentatie in elkaar gezet, in zijn studeerkamer, waar hij gezelschap heeft van talloze vakboeken, alsook van drie antieke telescopen. Als hij wil ontspannen, schuift hij het raam open en kijkt hij naar de sterren, de planeten, de constellaties. De feiten die nog ontdekt moeten worden. De kennis die nog in het verschiet ligt. Hij wordt gewenkt. Van Dissel zet zijn kopje koffie neer en loopt mee.

Nu, live op tv: een parlementaire hoorzitting tussen politici en het RIVM, vertegenwoordigd door Jaap van Dissel. Op de achtergrond zit Thierry Baudet. Zijn handen zijn om zijn neus gevouwen, als een mondkapje. In het verhaal van corona in Nederland speelt Baudet een interessante rol. Op 28 januari vroeg hij in de Tweede Kamer om een spoeddebat over het naderende virus, maar dat verzoek werd geweigerd. Een dag later gebeurde hetzelfde. Nou lag een debat over isolationistische maatregelen politiek gezien in het verlengde van de agenda van zijn Forum, dus wat hij zei verdiende een sceptische blik. Aan de andere kant had hij in dit geval wel gelijk: het was nodig om te handelen, en dat gebeurde niet. Op 9 maart was het voornaamste advies dat Rutte de Nederlanders meegaf nog: 'Schud geen handen meer.' Moesten we echt niet meer doen dan dat? 'Wij zijn een nuchter volkje. Wij zitten niet te wachten op symboolmaatregelen die niet nodig zijn,' luidde het antwoord van de premier. Dit ligt trouwens volledig in lijn met de vaderlandse geschiedenis op het gebied van besmettelijke ziekten, we zijn altijd traag geweest met maatregelen tegen 'haestige siecktes'. De Republiek voerde pas in de zeventiende eeuw iets in wat leek op landelijke pestbestrijding, terwijl Italiaanse stadstaten dat rond 1400 al hadden gedaan.

Op televisie verdedigt Van Dissel de koers van de minister-president. Hij zegt dat alle Europese landen ongeveer dezelfde maatregelen nemen. Dit is ook het verhaal dat 'Brussel' het liefst vertelt: dat alle EU-lidstaten min of meer gelijk optrekken. Op sommige gebieden klopt dit; zo geven universiteiten in alle lidstaten tot aan de zomer nog slechts online college en zijn de meeste basisscholen gesloten. Maar op het gebied van handel blijft de samenwerking bijzonder moeizaam. Met het oog op vrij goederenverkeer besloten Europese regeringsleiders de Europese buitengrenzen te sluiten, in de hoop de binnengrenzen ongemoeid te laten. Maar in de praktijk worden de interne grenzen ook strak gecontroleerd, dat wil zeggen tussen sommige landen wel en tussen andere weer niet, en die chaos heeft files van wel twintig uur ten gevolg.

Volgens Baudet gaan de maatregelen van Rutte niet ver genoeg. Hij pleit voor een gehele lockdown, zoals ook in Frankrijk, Spanje, Italië, Oostenrijk en Hongarije het geval is. Hongarije lijkt me niet per se het gedroomde voorbeeld om te volgen. Daar gaan geruchten dat premier Orbán de crisis nu al aangrijpt om zijn macht te versterken. (Twee dagen later is het inderdaad zover; dan heeft hij het kabinet min of meer buitenspel gezet.) Netanyahu in Israël maakt het nog bonter. Terwijl de corruptierechtszaak die tegen hem loopt is uitgesteld vanwege de coronamaatregelen in de rechtbanken, heeft hij onder het voorwendsel van het gevecht tegen het virus het parlement gesloten. Ook vaardigt hij steeds nieuwe decreten uit. Yuval Harari: 'In Italië, Spanje en Frankrijk worden decreten uitgevaardigd door een regering die door het volk is gekozen. Dit is legitiem. In Israël worden decreten uitgevaardigd door iemand zonder mandaat van het volk. Dit is een dictatuur. Een coronadictatuur.'

Maar dictatoriale neigingen steken ook elders de kop op. In China, Zuid-Korea en Singapore zijn vergaande surveillancemethodes gebruikt om besmette mensen op te sporen. In de Filippijnen zal men binnenkort een noodwet aannemen die president Duterte uitzonderlijke macht geeft, en nog eens 5,4 miljard dollar om naar eigen goeddunken in te zetten om de verspreiding van het virus tegen te gaan. In Jordanië wordt een 'defense law' aangenomen die het premier Razzaz mogelijk maakt om iedereen die in zijn ogen 'geruchten' verspreidt of paniek zaait op te pakken. Premier Chan-ocha van Thailand heeft vergaande nieuwe censuurwetten aangenomen. 'Vlak achter de epidemie van het virus volgt een epidemie van autoritarisme,' heeft Fionnuala Ní Aoláin, speciale rapporteur van de Verenigde Naties op het gebied van contraterrorisme en mensenrechten, terecht geconcludeerd.

Terug naar Amsterdam, naar mijn woonkamer, mijn laptop, de persconferentie. Volgens Van Dissel is Groot-Brittannië, op het gebied van virusbestrijding, binnen Europa de enige echte uitzondering. (Zweden, waar de opgelegde restricties nog veel coulanter zijn dan bij ons, noemt hij niet.) Daar lijken ze het nog even aan te kijken. Klopt dit ook met de beleving van George in Wymondham?

'Het Britse beleid bestaat voor zover ik het begrijp uit twee elementen,' noteert George in zijn dagboek. 'Het eerste element is gebaseerd op het idee van groepsimmuniteit. Het zou kunnen dat dit idee aan kracht aan het verliezen is, want ik heb er de laatste dagen niks meer over gehoord. Het tweede element, dat niet of slechts tussen neus en lippen door wordt genoemd: de economie ongemoeid laten terwijl we testkits, ventilatoren en preventiepakken voor de medici produceren of kopen. Boris heeft al in een zeer vroeg stadium gewaarschuwd voor de dood van "loved ones".' Maar dichter George hoort angst in de stemmen op de radio, hij ziet paniek in de gezichten van de nieuwslezers. In Londen, zo vertelt mijn vriendin en literair agent Lisette me, neemt men het nog niet zo nauw. Ze aarzelt nog steeds of ze nou naar dat ene feestje zal gaan. De strategie van Johnson lijkt dus op de onze, zij het dat wij twee weken op hem voorliggen, zoals we twee weken achterliggen op Italië. Kijken wij het niet ook te veel aan? Is het *opbouwen van groepsimmuniteit* niet een pseudowetenschappelijke benaming voor: ons aan ons lot overlaten? Is het gokken op immuniteit niet gevaarlijk? Van Dissel: 'We kennen geen virus waarvoor we niet immuun kunnen raken.' Daar moeten we het mee doen.

En in de tussentijd moeten we hopen dat er genoeg plek is in de ziekenhuizen.

'Boven de rivieren zijn genoeg bedden,' zegt Diederik Gommers, voorzitter van de Nederlandse Vereniging voor Intensive Care (NVIC). (Nu liggen er vierhonderd coronapatiënten in een Nederlands ic-bed. De capaciteit, die nu ongeveer duizend bedden bedraagt, zal tot maximaal tweeduizend patiënten kunnen worden opgerekt.) Ineens zijn geografische en ecologische grenzen weer van belang. Oceanen, bergen, rivieren. Volgens Gommers kunnen allerlei vrachtwagens vol zuurstofmaskers en -apparaten ons elk moment bereiken. Alle maskers gaan vanaf nu naar de gezondheidszorg. Ook die van dierenartsen. Zou er iemand in Nederland rondlopen wiens leven gered zal worden door hetzelfde masker dat zijn of haar huisdier eerder heeft gered?

1 procent van de zieken zal volgens Gommers op de intensive care terechtkomen. Dat komt neer op tachtigduizend mensen. 'Maar we zijn in control,' zegt Gommers, een zin die me het ergste doet vermoeden. Het gaat trouwens niet om bedden alleen, ook om kundig personeel. Die middag lees ik over de Nijmeegse pestdokter IJsbrand van Diemerbroeck, die in zijn *Tractatus de peste* (1646) beschrijft hoe bij elke crisis weer een tekort aan goede pestheelmeesters optreedt, aan chirurgijns, aan ziekenverzorgers. Leren we dan niet? Jawel, we leren, en vergeten.

’s Middags komt mijn vriend Mikko, die regelmatig te laat komt omdat hij zijn haar nog moest föhnen, langs om te sporten, want ‘die gains pakken zichzelf niet’. Wanneer ik oorlogsdagboeken las, verbaasde ik me erover hoezeer, zoals dat heet, *het leven doorging*. Maar hier zijn we, Mikko en ik, we doen rek- en strekoefeningen, praten onzin, en nemen een filmpje op waarin hij niet-bestaande workouts noemt die je ook thuis zou kunnen doen. Crusties niet vergeten, je achterwaarts planken meepakken, en natuurlijk de buffalo killer. Het voelt goed om melig te zijn, om onbedaarlijk hard te lachen, om over de grond te rollen. Als mijn kinderen me ooit vragen: wat deed jij toen de aarde verging, kan ik antwoorden: ik deed crusties. Binnenskamers kun je heel veel negeren, hoe kleiner je leven, hoe beter je in staat bent te doen alsof de buitenwereld niet bestaat.

Maar buiten wordt dat steeds moeilijker. Bij de supermarkt, tegenwoordig bewaakt door bouncers, staan de kassiers achter grote plastic schermen. Plaklinten op de grond, 1,5 meter van elkaar gescheiden. Een van de linten heeft losgelaten, een vrouw blijft eventjes haken en schrikt zich wezenloos.

Die angst interesseert me. (Sterker nog, voordat deze crisis begon, was ik bezig een boek over angst te schrijven.) Ik denk dat onze corona-angst wordt aangewakkerd door twee hoofdelementen: onzichtbaarheid en ontembaarheid.

Het is de onzichtbaarheid van het virus, dat iedereen bij zich kan dragen, die ons allen tot potentieel slachtoffer én potentiële dader maakt. Omdat er veel te weinig tests zijn, is de geruststelling die we gewoonlijk zoeken bij medische professionals onbereikbaar. Er zijn alleen de symptomen, altijd weer die symptomen, die ook onschuldig kunnen zijn. Die onzichtbaarheid, en daarbij het ontbreken van medische zekerheid, maakt dat we overgeleverd zijn aan onze verbeelding. En aangezien angst grotendeels een *kwaal van de verbeelding* is, zoals Thomas van Aquino al schreef, vallen we ten prooi aan angst. Weinigen van ons geloven in spoken en toch worden we bang als we ons in een oud, donker, leeg huis bevinden. Het onbekende, het onbegrijpelijke, het half-uitgelegde jaagt onze verbeelding op hol. We weten dat dit niet de eerste pandemie in de geschiedenis is. Maar we zijn zo gewend aan onze intellectuele macht en wetenschappelijke kennis dat we niet kunnen omgaan met hulpeloosheid. Die onversneden, dierlijke hulpeloosheid grijpt om zich heen, en verandert in wanhoop of een vreemd soort bewondering voor het virus dat ons dreigt te verslaan.

Het tweede hoofdelement: de ontembaarheid van het virus. Het idee van een niet te stuiten vermeerdering van de onzichtbare vijand, van een exponentiële groei, dat onze verbeelding nog verder aanvuurt en tot koortsige hoogten stuwt. Op elk moment, bij elke ademhaling, kunnen we ons inbeelden dat we terrein verliezen aan welig tierende, zich op oncontroleerbare wijze vermenigvuldigende bacteriën. We zijn niet bang om wat er nu is, maar om wat er morgen kan zijn. Het idee overmeesterd te kunnen worden door iets wat in ons huist, is gekmakend. 'Farewell to the giant powers of man,' schreef Mary Shelley in haar *The Last Man* (1826), over een pandemie die de wereldbevolking op één man na van het aardoppervlak veegde. 'Farewell to the arts, – to eloquence.'

Die avond zakt minister Bruins in de Tweede Kamer in elkaar. Iedereen die de beelden ziet, denkt waarschijnlijk hetzelfde: *het zal toch niet?* In deze tijden is het geen gekke gedachte. Schrijnend zijn de beelden van 25 februari, toen de Iraanse minister van Volksgezondheid Iraj Harirchi, belast met de taak om kalmte uit te stralen over het virus waarmee hij zelf besmet was, op televisie verscheen, peentjes zwetend, nu eens depte hij zijn hoofd, dan weer verloor hij zich in een grimmige hoestbui. Deze farce schijnt het toch al niet overdadige geloof van de Iraanse bevolking in de politiek te hebben vernietigd. Maar met Bruno Bruins schijnt het mee te vallen. Hij was flauwgevallen door oververmoeidheid. Op social media bedanken velen hem voor zijn harde werk. Morgen zal hij worden vervangen door PvdA-politicus Martin van Rijn. Wie *het dossier* ook op zijn bureau heeft liggen, hij of zij kan niet anders dan varen op de adviezen van anderen. Maar van wie precies?

Tegen etenstijd rijdt Anya (52), communicatiespecialist, nu werkzaam voor Van Dissels RIVM, van Bilthoven naar Amsterdam. Weinig mensen weten dat de leegte op de snelweg deels het gevolg is van haar werk. Elke dag wordt ze overstelpt met informatie, vanuit ziekenhuizen, van doktoren, van het Outbreak Management Team, en die informatie moet ze, samen met het RIVM, analyseren en vormgeven en naar buiten brengen. De informatie van het OMT wordt omgezet in een aanbeveling, en die aanbeveling komt terecht in een bestuurlijk overleg, en uit dat overleg rolt dan een advies aan het kabinet dat, op grond daarvan wel of geen maatregel neemt. Anya is een klein radertje in het wiel, maar voor anderen is ze deel geworden van de algemene *Ze*. Als in: *Ze zeggen dat we dat moeten doen. Ze zeggen dat we dat niet mogen doen. Ze zeggen dat de snelwegen leeg moeten blijven.* Dus daar rijdt ze, na weer een hectische dag, terug naar Amsterdam, waar haar vriend, gehuld in zijn coronapakje (trainingsbroek, slobbertrui) al aan het koken is. Hij zal vragen: hoe was je dag? Zij zal antwoorden: stevig. Een normaal antwoord op een normale vraag.

Vandaag is de Amerikaanse maanreiziger Al Worden op 88-jarige leeftijd overleden. (Niet aan corona.) Hij was deel van de ruimtemissie Apollo 15, in 1971. Hij wachtte in een baan rond de maan terwijl zijn collega's David Scott en James Irwin rondliepen op het pokdalige maanoppervlak. Zo belandde Al Worden in het *Guinness Book of Records*, als 'de meest afgezonderde mens ooit': hij was 3600 kilometer verwijderd van zijn collega's en 360 000 kilometer van de aarde, die hij aanschouwde als was het een gigantisch wiel, bestaande uit bijna vier miljard radertjes, van wie één peuter Anya.

Wat een jaar is deze week geweest.

Donderdag 19 maart (dag 124)

Op de dag dat de Nederlandse media stilstaan bij het feit dat Albert Camus' *De pest* (1947) opnieuw een bestseller is geworden, bevalt Esther (31) om 2.47 uur in het Amsterdamse VU-ziekenhuis van een dochter. Het ziekenhuis is verlaten, een werkman zet her en der glazen platen neer, ter bescherming tegen het virus. *Is het goed zo?* vraagt hij. Niemand die het weet. De bevalling vindt achter gesloten deuren plaats, alleen de vader (Wietse, 31) mag het ziekenhuis in. Ze zeggen tegen Esther dat ze misschien wel de laatste Nederlander is die in een ziekenhuis mocht bevallen, vanaf nu gebeurt het vooral thuis. De dochter heet Ika. Ze was te vroeg, maar maakt het goed. Bij wijze van kraamvisite zullen de grootouders in de gang van het appartement van de gelukkige ouders gaan staan, met mondkapjes op.

De term 'raamvisite' is in omloop: je baby in de box voor het raam en een schaal met beschuit op de stoep. Het woord 'balconversatie' is nieuw. 'Lockdownparty'. 'Balkonbingo'. De frase 'juist nu' wordt te pas en te onpas gebruikt, een frase die volgens mij twee verlangens in zich weet: dat we onderkennen dat we in uitzonderlijke tijden leven, en dat niet álles verandert.

Het leven gaat verder, maar dan anders. Winkels zonder klanten. Bussen zonder passagiers. Straten zonder wandelaars.

Dieren kunnen ongehinderd lopen, vliegen en zwemmen waar ze willen. In Yunnan stuit een kudde olifanten, op zoek naar mais en eten, op een grote voorraad maiswhisky. Ze snuffelen aan de vaten, openen de deksels en bezatten zich. Foto's van twee in een dronken stupor geraakte olifanten, *passed out*. In Venetië is het grachtenwater ineens kraakhelder, zwanen in plaats van gondels. Even later blijken veel van deze berichten, die vaak op miljoenen likes kunnen rekenen, nep te zijn. Een interessante studie uit 2016, verschenen op het toonaangevende platform *Scientific Reports*, laat zien dat de verspreiding van zulke mediagenieke verhalen, die perfect zijn voor social media, precies hetzelfde patroon volgt als de verspreiding van besmettelijke ziekten.

De kranten schrijven over weinig anders dan het virus, de oorzaken, de gevolgen, de schade, mogelijke vaccins. De race is intussen losgebarsten. Namen van universiteiten en bedrijven flitsen voorbij, onze eigen Erasmus Universiteit, het Amerikaanse Vir Biotechnology, Moderna, Pfizer, het Duitse CureVac, het Chinese WuXi Biologics, het Beijing Institute of Biotechnology. Naar verluidt wil Trump de meest veelbelovende plannen opkopen, voor zijn landgenoten. America first. America only.

Op mijn telefoon: een eindeloze stroom aan feitjes en grafieken, die een objectieve indruk maken, die ons influisteren dat we heus *de kop er wel bij houden*, maar die niettemin zorgt voor een grove vertekening in hoe we de dreiging ervaren, die doorwerkt in onze psyche, dat kan niet anders. Stel je voor dat je in normale tijden elke avond updates zou krijgen over het aantal doden dat die dag gevallen is, dat je je voortdurend zou moeten verhouden tot de hoeveelheid ic-bedden – er is weinig zo beangstigend als een stem die weigert zijn beheersing te verliezen. Wat zegt die stem? Hij leest getallen op, nummers, prognoses. Hij klinkt zo betrouwbaar.

Op straat en online gaan veel discussies over wat ik maar onze *viral footprint* zal noemen; met hoeveel mensen staan we in contact, zijn we wel streng genoeg, moeten we ons niet nog meer afzonderen? Een tussentijdse oproep van premier Rutte, om ons alsjeblieft aan de vereiste 1,5 meter te houden, doet vermoeden dat het Nederlandse volk, *nuchter* als we zijn, veel adviezen in de wind slaat. Is social distancing eigenlijk wel de juiste term? Volgens Maarten (29, Rotterdam) niet. 'Physical distancing is meer op zijn plaats. Het is juist zo belangrijk om nog sociaal te zijn, om contact met elkaar te hebben, desnoods digitaal. Mijn lichaam snakt, onze lichamen snakken, naar fysiek contact, maar dat zal nog even moeten wachten.'

Velen van ons missen fysiek contact. De 27-jarige toneelschrijver Janneke Jansen, die door de coronacrisis veel opdrachten is misgelopen, noemt het huidhonger. Janneke pakt haar schrijfboekje en begint te dichten. 'Ik bleef op twee meter afstand en zij deden dat ook // Waardoor we met een immense afstand te zitten kwamen // We kenden deze mensen toch? // Die achter de sjaal, zo samen? // In angst worden ze anders, achter sjaals hoor ik ze niet // Wat zeggen ze, wat zijn motieven, wat niet // Willen ze ons wel zien // draaien ze om, of niet // Ik bleef op twee meter afstand en hij op zes // Hij op zes // Hij bleef lachen, beneden // Zij de trap op, op op // Ik bleef op twee meter achter en zij snapten het niet // Ik kon niet // En wilde niet accepteren dat ik het niet kon // Ik kon niet // Ik kon niet // ik kon niet naar beneden // kon niet meedoen // maar daarvoor al niet.'

Een vriend die het moeilijk heeft mag je niet omhelzen. Iemand die je leuk vindt, die toch zo lekker ruikt en zo mooi beweegt: niet aanraken. De huid met rust laten, geen tintelingen veroorzaken, geen rillingen, geen kippenvel, niks.

Het is vreemd hoe snel het niet-aanraken gaat aanvoelen als de standaard. Als ik een filmscène bekijk waarin mensen elkaar een hand geven of omhelzen, waarin twee onbekenden met elkaar dansen, elkaar zoenen, elkaar aanraken, moet ik de neiging onderdrukken om hen te waarschuwen, uit elkaar te trekken, te vervloeken.

In haar tekenboek maakt Melissa (21, woonachtig te Vroomshoop), zonder dat ze precies weet waarom, laat staan voor wie het bedoeld is, een schets van een gezicht dat uiteenvalt in twee gezichten, alsof er een glazen plaat in het midden ervan is geschoven. Zo verandert één gezicht in twee gezichten, twee gezichten die elkaar lijken te missen.

Er wordt trouwens nog wel gedatet. De digidate en de wandeldate doen hun intrede. Datediensten als Happn, Tinder en The Inner Circle zien het aantal dates eerder toe- dan afnemen, maar wel vooral online. 'Sinds de corona-uitbraak heb ik 30 tot 40 procent meer aanmeldingen,' verklaart Getty Schepers van DatingOost, een regionaal datingbureau voor mensen boven de 40 jaar, tegenover de NOS. 'Zelfs oud-leden melden zich weer aan. Op een gegeven moment zijn alle klusjes thuis wel klaar en hebben mensen tijd om online te daten.' Maar ook ouderen zoeken liefde in tijden van corona. Getty heeft onlangs een vrouw van 61 en een man van 64 aan elkaar gekoppeld. Ze ontmoetten elkaar in het bos, allebei een thermosfles in de hand.

In Rotterdam maakt Famke (27) een coronaflirt mee, in de apotheek, waar de andere klanten bakkeleien over het aantal pakjes paracetamol dat ze mogen kopen, over thermometers, over geschreven en ongeschreven regels. Terwijl ze haar handen insmeert met desinfecterende gel (haar moeder brengt het spul altijd mee en aangezien Famke het nauwelijks gebruikt, heeft ze een voorraadje) zoekt een man met een mondkapje oogcontact. 'Handsanitizer?' vraagt hij. Ze weet zeker dat hij naar haar lacht. 'Ja,' zegt ze terug, lichtelijk verward. 'Wil je ook?' Hij bedankt voor de eer, maar lacht nog steeds. Ze heeft geen idee hoe degene die ze in haar hoofd omdoopt tot *de mysterieuze mondkapjesman* eruitziet, maar zijn ogen zijn leuk. In een andere tijd zou ze misschien wel om zijn nummer hebben gevraagd.

Ik ga weer de straat op, tas om de schouder, notitieboekje mee. Iemand zegt tegen degene naast haar: 'Ik dacht: die komt veel te dichtbij. Totdat ik besefte dat je bij me hoort.'

Verder zal het een surrealistische tocht blijken die ik zal ondernemen, een soort koortsdroomachtige parodie op een wandeling door de elitaire Amsterdamse binnenstad, mijn bubbel.

Eerst stapt, halverwege de Haarlemmerstraat, een dakloze man op me af; of ik van gedichten houd. Hij draagt een goudkleurige ketting, stukgelopen sneakers, een groene trainingsbroek. Hij noemt zich Mano, of *de dakloze dichter*, en woont al zesendertig jaar op straat. Hij voorziet in zijn levensonderhoud door tegen betaling gedichten voor te dragen. Voordat ik heb geantwoord begint hij al te dichten, maar hij praat zo snel, beatnik-snel, slam poet-snel, dat ik alleen flarden versta: *denk natuur, de lucht ontspannen, denk natuur en zie ochtendmist, hoor de vogels, zie de bomen in een helderblauwe lucht*. Ik antwoord dat ik zeker van dichters houd, maar nog meer van informanten. Mano laat zich rekruteren voor zeven euro, volgens hem het monetaire equivalent van een goede Surinaamse maaltijd.

Drie meter verder word ik aangesproken door niemand minder dan Thierry Baudet, die ik uit de buurt ken, en ook doordat we tegelijkertijd 'opkwamen', hij destijds als rechtse denker, ik als schrijver. Baudet rondt nog even snel een gesprek af, *bel me zodra het rapport klaar is, ja?* Dan wendt hij zich tot mij: 'Koffie?' De vraag overvalt me een beetje, ik knik. We wandelen naar wat hij zijn favoriete koffiezaakje noemt. Hij vraagt of het klopt dat ik me strikt aan de voorgeschreven anderhalve meter houd. 'Een meter tachtig,' antwoord ik. 'Anderhalve meter voor Rutte, en nog dertig centimeter omdat jij het bent.' Hij glimlacht. Een mevrouw in een bontjas mompelt iets neerbuigends zodra hij langsloopt, twee Marokkaanse Nederlanders toeteren vanuit hun auto en zwaaien hartelijk. Beroemd, berucht en tevreden stapt Baudet zijn koffietentje in: 'Mark,' zegt hij, 'waar ben je, Mark, Markie Mark. Hé, jij bent niet Mark.' De man achter de toonbank: 'Nee, ik ben Rob.' Even is Baudet bang dat er iets ergs aan de hand is met Mark, maar die heeft gewoon een dagje vrij. Baudet wijst naar de kindersurprise-eieren, uitgestald naast de kassa. 'Zit daar zo'n bouwpakket in?' Rob: 'Misschien iets voor jou, als je je weer eens verveelt in de

Kamer.' We nemen een coffee to go en wandelen richting Westerpark. 'We moeten in een lockdown,' zegt Baudet. 'Een paar weken helemaal dicht. Wacht maar, over vijf dagen krijg ik gelijk, kijk naar de modellen.' Op zijn telefoon toont hij me de ziektecurve: elke twee dagen een verdubbeling van doden. Vandaag zijn tachtig Nederlandse doden voorspeld. Op dit moment weet ik nog niet dat ten minste één grafiek die hij op social media verspreidt, bewerkt is. In 'zijn' grafiek is de term 'social distancing' vervangen door 'lockdown', de meest vergaande manier van social distancing, en niet toevallig de strategie die hij aanraadt.

'Het is oorlogstijd,' zegt Baudet. 'Dat is natuurlijk vreselijk, maar het geeft ons ook eindelijk tijd om te reflecteren over wie we nou echt zijn, en wie we als leider willen, een bureaucraat of iemand die vooruit kan kijken.' Ik confronteer hem met de homo empathicus-theorie van Jesse Klaver. Hij: 'Ja, het zal wel, we zijn heel empathisch, zolang er genoeg wc-papier is.' Een zin die W.F. Hermans had kunnen schrijven, en die misschien wel de kernvraag vat waarmee de politiek in crisistijd worstelt: bekommeren we ons per definitie om anderen, of pas als we onszelf veilig weten?

Na afscheid genomen te hebben van Baudet, struin ik verder, achter de televisiestudio's langs. De wereld staat dan wel stil, hij draait natuurlijk wel door. En jawel, daar staat Matthijs van Nieuwkerk, in een spijkerpak en op loafers van blauw fluweel. ... *bestseller in Italië...*, hoor ik hem zeggen. Het zijn de laatste weken van zijn programma, dat al vijftien jaar aan de gang is. De laatste weken is hij, meer dan ooit eerder, uitgegroeid tot een soort volksvader, die ons elke avond bij de hand neemt. Die rol speelde hij ook bij de financiële crisis in 2009, toen hij economen en experts steevast die ene vraag stelde die we allemaal beantwoord wilden zien: Kunnen we gerust gaan slapen? Het antwoord was altijd ja. De smeekbedes aan Van Nieuwkerks adres om toch door te gaan, nemen alsmaar toe. Mensen willen dezelfde vraag gesteld zien als toen, maar durven het zelf niet aan. Dus volgt er ook geen antwoord.

In Den Haag begint Kirsten (36) te snikken in het bijzijn van haar kind. Ze vermoedt dat ze het virus heeft, maar weet het niet zeker. Ze mag het huis niet verlaten. Haar tranen blijven komen. 'Mama, waarom huil je?' vraagt haar zesjarige dochter. Omdat ze boos is, antwoordt ze maar. 'Weet je nog,' probeert ze, 'toen jij vorige week baalde dat je niet naar turnen kon. Dat heb ik nu ook.' Twee armen om Kirstens nek. De term social distancing bestaat in geen enkele kindertaal.

Nederland bevindt zich nog altijd tussen hoop en vrees. De hoop is op weinig gebaseerd, behalve de boerenwijsheid die stelt: in míjn straat is nog niks aan de hand. Neef Koen: 'Vooralsnog zijn vooral de maatregelen heftig, maar ik *zie* nog niks. Niet veel doden, bedoel ik.' Er zit iets in. De cijfers tot nu toe leren dat slechts bij zesenzeventig mensen is vastgesteld dat ze zijn overleden aan het virus.

In het buitenland is dat anders. Tijd voor een grand tour langs de velden.

Zittend in mijn werkkamer glijdt mijn blik over de wereldkaart aan mijn muur. Van elk land dat mijn blik vasthoudt, spit ik de kranten door.

Vooral het noorden van Italië is aan het veranderen in een nachtmerrieachtig gebied. Vanaf vandaag zijn er in Italië officieel meer coronapatiënten overleden dan in China (waar de grafiek nu al een paar dagen een daling vertoont): 3405. Claudio Macchi, die ik twee jaar geleden op vakantie in Indonesië leerde kennen, woont in Varese, dat in de eerste *red zone* in Italië ligt. Volgens hem is Italië vanaf het begin van de crisis verscheurd geweest. 'Aan de ene kant was er sprake van grote onderschatting, aan de andere kant was er paniek, werden de supermarkten geplunderd, wat de verspreiding van het virus alleen maar in de hand heeft gewerkt.'

Ik lees dat Bergamo (in Lombardije) een spookstad is geworden, waar voortdurend doodsklokken luiden. Maar de begraafplaatsen blijven leeg; niemand mag in de buurt komen van de lijken. Begrafenisondernemers krijgen het verzoek een briefje of foto in de handen van de overleden dierbare te schuiven, zodat ze toch iets persoonlijks bij zich hebben als ze van *hier* naar *daar* gaan. 'Deze epidemie vermoordt je twee keer,' lees ik. Ilaria, die in Bergamo woont, de zwaarst getroffen plek van Europa, heeft afgelopen weekend via een internetverbinding afscheid genomen van haar oma, haar bezoeken mocht niet meer. De laatste woorden van haar oma werden ook nog eens gesmoord door het verplichte mondkapje. De mortuaria zijn vol, elk halfuur wordt iemand begraven, de crematieoven brandt constant, de lokale krant *L'Eco di Bergamo* heeft het aantal dagelijkse pagina's met overlijdensadvertenties verhoogd van anderhalf naar tien. 'De situatie in Bergamo is dramatisch,' zegt ambulancechauffeur Andrea. 'In ziekenhuizen draait iedereen – verpleegsters, artsen, ambulancepersoneel – diensten van tien tot twaalf uur. Er zijn geen maskers meer, geen ademhalingstoestellen of reanimatieplaatsen. Alles is vol. Bovendien zijn heel veel artsen zelf ook besmet.' Door dit alles is, tijdens de ernstigste noodsituatie sinds de Tweede Wereldoorlog, een groot personeelstekort ontstaan. Nog een logistiek probleem: er is geen ruimte meer voor de overledenen. Ambulancebroeder Andrea en zijn collega's vervoeren dus niet alleen zieken, maar ook lijken. Nabestaanden moeten ongeveer vijf dagen wachten voordat het lichaam van hun dierbare aan de beurt is. Tot die tijd heeft burgemeester Gori verordonneerd dat lichamen worden gestald in de kerken. Kerken vol dode lichamen; alleen als je omhoogkijkt, naar de fresco's, naar het glas-in-lood, kun je jezelf wijsmaken dat ze niet bestaan. De kapel van de begraafplaats en de grafkamer moeten geopend worden om lichamen en kisten in te bergen. 'Het is surrealistisch,' zegt Claudia Veenstra, een Italiaanse lerares met een Nederlandse vader. 'Die kerkklokken en de ambulances die af en aan rijden, dat zijn eigenlijk de enige geluiden die we horen. Voor de rest zit iedereen in huis opgesloten, ook omdat de politie daar streng op toeziet. Iedereen hier kent wel iemand die ziek is, of overleden.' Ilaria's laatste woorden aan haar oma: 'Voor je begrafenis wilde ik je die rode jurk met pailletten aantrekken.'

Mijn vriend Giacomo, die ik nog ken uit de tijd dat ik

in Italië woonde, in 2004–2005, vertelt me dat iedereen in zijn woonplek Arezzo (Umbrië) thuis moet blijven. 'De politie patrouilleert, en als je geen goede reden hebt om buiten te zijn, krijg je een dikke boete. Als je geen twee meter afstand houdt tot degene voor of achter je, krijg je ook een boete. Joggen, fietsen, rennen, het mag allemaal niet. Iedereen zit thuis. Dus ja, wat kan ik zeggen over mijn leven? Het is heel vreemd. Ik speel de hele dag spelletjes met mijn kinderen, en intussen gaan mensen dood.' In Italië is een passensysteem ingevoerd, net zoals ze dat in het door de pest geteisterde Venetië van 1483 deden. Een *patento netto* (letterlijk: 'schone pas') wees er destijds op dat je uit een pestvrij gebied kwam. Een *patento tocco* ('geraakte pas') betekende dat je uit de omgeving van een gebied kwam waar pest heerste. Een *patento brutto* ('lelijke pas') duidde aan dat je uit een pestgebied kwam. Giacomo zou het dus waarschijnlijk moeten doen met een patento tocco.

'We zijn kippen, opgesloten, zonder enig idee of we veilig zijn of onbeschut, veilig of ziek,' schrijft de in Rome wonende Edoardo Albinati, schrijver van *De katholieke school* (en als je het mij vraagt, wat niemand doet, de beste schrijver van zijn land) me in een e-mail. Maar er verder over praten, dat wil hij niet. 'Na zoveel verschillende ideeën te hebben gelezen en gehoord, meningen, interpretaties, profetieën, zou ik graag de enige schrijver of intellectueel van mijn land willen zijn die daar niet aan meedoet. Geen gedachte, geen interpretatie, geen verhaal. Als ik aan het virus denk, schiet niks me te binnen. Ik ben leeg.'

Mijn blik gaat zuidwaarts, zo'n achtduizend kilometer onder Italië ligt Ethiopië, een voormalige Italiaanse kolonie. Daar doet schrijver Anna Badkhen onderzoek voor haar boek over de verplaatsingen van de mens, over de Hof van Eden en diaspora's. Ze is in de stad Lalibela, en staat naast een paleontologische opgraving, waar onderzoekers een mensaapachtige, een australopithecus om precies te zijn, van meer dan vier miljoen jaar oud hebben gevonden. Op een nabijgelegen fossielenveld liggen homo sapiens-resten van honderdzestigduizend jaar oud. Naast het veld: herders op kamelen, kalasjnikovs over de schouder. Anna Badkhen peinst over de vraag waar onze voorvader de Herto Man (wetenschappelijke naam: homo sapiens idaltu) al die millennia geleden over zou hebben gepeinsd, als hij zich in gevaar wist.

Mijn blik trekt weer over het scherm, naar Málaga, waar Rodrigo Blanco Calderón zijn eigen onderzoek doet. Rodrigo pakt een boek uit de kast. *Tales From The Underground: A Natural History of Subterranean Life*, door David W. Wolfe. Het citaat dat Rodrigo meteen opvalt: 'Op onze meest oprechte momenten zijn we ons er allen van bewust dat bacteriën over de aarde regeren.' De Herto Man? De bacteriën waren hier eerder. De virussen trouwens ook. Dan neemt Rodrigo de kranten door. In Madrid worden lijken gekoeld op een ijsbaan, leest hij. En in Barcelona leggen ze lijkkisten in parkeergarages. Priesters zijn lopendebandwerkers geworden, ze zegenen elk lichaam dat voorbijkomt met een kruisteken.

Blik naar het noorden. Op het Franse platteland voelt Dimitri Verhulst zich gevangen tussen paradijs en hel. Hij is wat aan het verven, in de zon, fluitend. 'En vanuit dat dagdagelijkse paradijs van mij bel ik vandaag met vrienden die zich meer dan 700 kilometer noordelijker ophouden in lege steden van beton en parkeerplaatsen,' schrijft hij in zijn dagboek. 'Eentje heeft de ziekte van Lyme, en zit al liefst anderhalf jaar in quarantaine, omdat ze zo goed als verlamd is en gewoon niet meer naar buiten kán. Zij urineert al een paar dagen bloed, maar er is geen dokter die haar wil helpen. Zij is immers een risicopatiënt, en daar blijft men liever van weg.'

Schrijver Hans Maarten van den Brink beleeft het Franse platteland volstrekt anders. Hij kijkt naar de narcissen in het weiland rond zijn huis. De narcissen zijn niet veranderd. Naar de bruingrijze bossen aan de overkant van het dal. Niet veranderd. De huizen staan ver van elkaar, de heggen zijn hoog. Op straat groet men elkaar door een hand op te steken, praatjes worden er niet gemaakt. De enige regel van het dorp waar hij en zijn vrouw Antoinette tegenaan wonen luidt: *ne faites pas des histoires*, oftewel geen rare dingen doen. Dus probeert hij zich te richten op de Grote Katholieke Roman waar hij al twintig jaar met zijn redacteur over praat. In dit boek 'zal de heilige Corona in het epos geen rol spelen', schrijft hij in een mail aan zijn redacteur. Het verhaal van de heilige Corona gaat zo: ooit, in Damascus, werd een Romeinse soldaat genaamd Victor gemarteld omdat hij het christelijke geloof beleed. Zijn ogen werden uitgestoken, uiteindelijk zou hij worden onthoofd. Een jong meisje genaamd Corona probeerde hem troost en moed in te spreken. Om die reden werd ook zij gearresteerd en ter dood veroordeeld. In 996 bracht de Rooms-Duitse keizer Otto III haar stoffelijk overschot naar Aken. 'De heilige Corona speelt wel een interessante dubbelfunctie,' schrijft Hans Maarten in zijn mail. 'Ze is zowel de patrones van zakenmensen als van de slachtoffers van epidemieën.' Daar moet een les in verscholen liggen, maar welke?

Blik naar het westen, naar Engeland. In Wymondham gaat men nog naar de wekelijkse markt. De *fruit and veg family* is er nog, ziet George tevreden. De visman weet niet wat hij moet doen, er zijn geen richtlijnen voor *tradesmen* als hij. Zijn zoon, een leraar, is ziek, en naar verwachting zijn de kleinkinderen dat ook. 'Wandelende viruspakketjes zijn het,' zegt de visman. 'Je ziet de vliegen bij wijze van spreken rond hun hoofden buzzen als ze de kamer binnenkomen.' George en Clarissa kopen een moot zalm, die ze later die middag bereiden. Op de radio klinken verhalen over jongeren die ouderen wegduwen in de supermarkt. Het waarheidsgehalte valt niet vast te stellen, het zijn het soort verhalen van iemand die heeft gehoord dat een ander iets heeft gezien. Een verpleegster vertelt huilend over het einde van haar lange dienst, dat ze nog even langs de supermarkt moest, die leeg bleek. 'Dus ladies en gentlemen,' schrijft George in zijn dagboek. 'Stiff upper lips en bulldog spirits, voorwaarts! Er is geen voedseltekort, behalve in de leeggeplukte supermarktschappen. Gedraag je!'

Blik verder naar het westen, naar de VS, waar nu negenduizend mensen besmet zijn met het virus en honderdvijftig doden zijn gevallen, is Melania Trump, de echtgenote van de president die de ziekte telkenmale heeft gebagatelliseerd, aangewezen als het gezicht van de anticoronacampagne. In een commercial die onder meer te zien is op ABC, CBS en NBC roept Melania de Amerikanen op hun handen zorgvuldig te wassen en elkaar op afstand te houden. Ondertussen mogen Joren en Hester, onze reizigers in Las Vegas, eindelijk naar huis. Als ze afstand proberen te houden in de rij voor de full-bodyscan worden ze uitgekafferd door de beveiliging, die kennelijk de spotjes van Vrouwe Trump hebben gemist. Het hele vliegtuig zit vol, driehonderd mensen, elleboog aan elleboog, tien uur lang. Slechte odds, fluistert Joren tegen Hester.

Vinger helemaal naar het oosten. Naar China, het land dat ik de laatste jaren meermaals bezocht, dat nu ernstige reputatieschade aan het lijden is. Niet in de laatste plaats door president Trump, die er een gewoonte van maakt om altijd en overal te benadrukken dat het om een Chinees virus gaat. Een interessante parallel valt te trekken met het begin van de Spaanse griep, toen Vlaamse kranten het gerucht verspreidden dat Chinese gastarbeiders de ziekte hadden meegebracht, wat leidde tot allerlei uitingen van stigmatisering en agressie tegen 'Europese' Chinezen. Ook nu ondervinden veel westerlingen van Aziatische afkomst last van discriminatie. In de Verenigde Staten, maar ook bij ons. In Maastricht wordt een student met Aziatische wortels uitgescholden voor 'corona' en daarna uitgelachen. In Amsterdam wordt een Aziatisch uitziende vrouw van haar fiets geduwd, omdat 'alle Chinezen corona hebben'. In de trein van Den Haag naar Delft krijgt een vrouw te horen dat 'gele apen als zij geen idee hebben van hygiëne'.

Om die reputatieschade, die zich hoogstwaarschijnlijk ook zal vertalen in economische schade, in te dammen, biedt de Chinese regering haar virusexpertise (tot nu toe lijkt hun aanpak van het virus, na dat desastreuze begin, inderdaad succesvol te zijn geweest, evenals die van Taiwan, Hongkong en Singapore, landen en gebieden die vooral aanstuurden op een snel en rigoureus detectiebeleid) maar al te graag aan. Ook sturen ze mondkapjes, beschermende pakken, testkits en beademingsapparatuur naar Frankrijk, Spanje en Italië. Drie Chinese luchtvaartmaatschappijen hebben tienduizenden mondkapjes en handschoenen aan de KLM geschonken, die ze weer doorsluist naar Nederlandse ziekenhuizen.

En dan is er ook een andersoortige campagne op touw gezet. Zhao Lijian, woordvoerder van het Chinese ministerie van Buitenlandse Zaken, verspreidt merkwaardige 'onderzoeken' waaruit zou blijken dat Amerikaanse militairen het virus naar China hebben gebracht. Helaas voor hem tonen wetenschappelijke studies aan dat de kans dat het virus door mensen is gemaakt extreem klein is. Twee redenen: 1) wat corona zo verwoestend maakt, is het vermogen van het virus zich optimaal te hechten aan het menselijk enzym ACE2, wat geen wetenschapper zou hebben voorspeld, en 2) als er genetische manipulatie zou hebben plaatsgevonden, zouden er sporen zijn van bètacoronavirussen, feitelijk testmodellen. Die zijn niet gevonden. En de enige echte wetenschappelijke studie naar de oorsprong van het virus, op 24 januari gepubliceerd in *The Lancet*, door een groot team van academici en onderzoekers, onder wie negenentwintig Chinese, is ondubbelzinnig: het virus kent zijn oorsprong in China. Wat nog niet wil zeggen dat het 'een Chinees virus' is, zoals Trump het blijft noemen. Het was een dierenvirus, en is nu een mensenvirus.

Los van het Chinese charmeoffensief lijkt het leven in China enigszins te normaliseren, stelt Dai Fan vast, hoogleraar letterkunde aan de Sun Yat-sen-universiteit in Guangzhou. Een maand geleden was alles nog dicht, niemand mocht naar buiten. Dai Fan staat de hele dag in contact met collega's, vrienden en familieleden. Iedereen is online, iedereen volgt het nieuws. Ongeveer twee weken geleden begonnen de statistieken ten goede te keren. Hier en daar gaan er al weer wat scholen open. Vandaag maakt ze zich vooral zorgen om Europa, waar ze veel vrienden en collega's heeft, en ja, ook wel om de mannelijke wereldbevolking, want ze heeft ergens gelezen dat mannen onvruchtbaar worden door het virus.

Waar Dai Fan en haar collega's, vrienden en familieleden het niét over hebben, is dat de Chinese regering in het gevecht tegen het virus elke smartphone heeft ingezet als surveillancemiddel. Door middel van dagelijkse toegang tot honderden miljoenen camera's met gezichtsherkenningssoftware, door mensen te verplichten om hun temperatuur en algemene lichamelijke toestand te meten en kenbaar te maken, en via allerlei apps die mensen waarschuwden als ze te dicht in de buurt kwamen van besmette landgenoten. Zo heeft Xi Jinping meer zicht gekregen op zijn onderdanen dan enig ander staatshoofd in de wereldgeschiedenis ooit heeft gehad. Hoe werken die apps? Je moet een uitvoerige vragenlijst invullen, en op basis daarvan krijg je een groene (goed), gele (twijfelachtig) of rode (stront aan de knikker) gezondheidscode, die je moet laten zien op luchthavens, trein-, metro- en busstations, bij tolpoorten, in parken, supermarkten en soms zelfs bij openbare wc's. Als ik ooit nog naar China zal gaan, besef ik na deze grand tour, zal het land onherkenbaar veranderd zijn. Ik zet mijn computer uit.

Tegen het einde van de middag keert M., met wie ik minder dan een halfjaar geleden nog garnalendumplings at in Peking, terug van haar verblijf bij Laura. We omhelzen elkaar lang, raken elkaar aan, mijn huid tintelt, ze raakt ontroerd als ik haar hals zoen. Ik neem haar tas aan, ze zegt dat ze blij is hier te zijn.

Die avond praten we over de datahonger die veel landen in zijn greep houdt, waar ze zich als rechtshistoricus ernstige zorgen over maakt. In Israël worden besmette personen geschaduwd door de geheime dienst, de Shin Bet, die onderzoekt met wie ze de laatste tijd contact hebben gehad. Die informatie gaat vervolgens naar het ministerie van Volksgezondheid en de politie, die kunnen controleren of men zich aan de voorgeschreven twee meter houdt. Ook in Zuid-Korea, Hongkong, Thailand en Singapore worden vergaande surveillancemethodes gebruikt om besmette mensen op te sporen. En ook Europa laat zich niet onbetuigd. Zeker negentien landen hebben op het coronavirus gerichte vormen van elektronische surveillance ingevoerd. Polen heeft een app geïntroduceerd die patiënten verplicht om selfies met een locatiecode naar de politie te sturen. Voor het eerst in mijn leven zie ik het mechanisme dat ik ken uit de geschiedenisboeken, dat privacy het in tijden van crisis aflegt tegen het algemeen nut zoals dat wordt bepaald door de regering in kwestie, in werking. 'Het is zo kwetsbaar allemaal,' zegt ze, een snik onderdrukkend. 'Waarom kan nu ineens alles op de schop? Waar is deze doortastendheid als het gaat om klimaatverandering? En we passen ons zo snel aan.' Terwijl ik naar haar luister, pak ik mijn notitieboekje. Ze kijkt me gestoken aan.

Vrijdag 20 maart (dag 125)

Ik herlees een gedicht van de Amsterdamse stadsdichter Gershwin Bonevacia, onlangs verschenen in *Het Parool.* 'We waren het bijna vergeten, dat de stad heel langzaam // stil kan worden, kan fluisteren: "Blijf thuis vandaag." // Dat je door thuis te blijven een nieuwe betekenis // van vrijheid kan vinden. // Dat een weekend zonder voetbal je relatie kan bevorderen. // Dat extra wc-papier je niet zal redden. // Dat quarantaines niet echt bestaan, // maar zijn verzonnen om te kunnen lezen. // Dat je leest om jezelf te vergeten. // Dat een zondagmiddag een hele week kan duren, // maar dat toch elke seconde telt. // Dat we kwetsbaar zijn, // dat dat ons sterk maakt. // Dat hulpverleners eigenlijk superhelden zijn. // Dat de wind een waarschuwing is van hartslagen // om te herstellen. // We waren het bijna vergeten, dat we bestaan in relatie, // dat we samen allemaal zijn. // Dat we even op afstand blijven, // zodat we heel langzaam // dichter tot elkaar kunnen groeien.'

Mano doet een iets ander verslag, om 7 uur ingesproken op mijn telefoon: 'De dakloze dichter hier, hartje Jordaan. Ik ben vorige week weer uit mijn huis gezet, omdat ik mensen bang zou maken, omdat ik zou stinken, en omdat ik mijn meisje, mijn muze, zou slaan. Allemaal onzin. Ik ben een dichter. Dichters slaan niet. Maar sinds maandag heb ik een huis gekraakt, via het raam glip ik naar binnen. De dakloze dichter voelt zich frank en vrij, maar de stad is leeg. De toeristen hebben het hazenpad gekozen. Lege pleinen, lege straten.' Op mijn telefoon verschijnen foto's van mijn nichtjes. Rosa en Bibi lachen weer, ze springen en dansen op een verlaten Damplein.

De dakloze dichter vervolgt: 'Ik hoor ambulances, constant ambulances, de hele nacht door, de mensen zijn angstig. Ik sta op het punt om langs te gaan bij mijn leveranciers, die in mijn habit, mijn Colombiaanse habit voorzien. Daan, denk je wel genoeg aan de agenten, de brandweerlieden, de vuilnismannen, de caissières die voor 5 euro per uur werken, de working class, het plebs? Zij redden ons nu. Mijn bijdrage is het dichten. Voor jouw geld heb ik tandenborstels, tandenstokers, shampoo, toiletpapier en zakdoekjes gekocht, en een biertje natuurlijk, je leeft maar één keer. Maar man, al die ambulances.'

Om drie uur 's middags rijdt Marit (40), sinds november ambulanceverpleegkundige, naar Amsterdam Zuid. Daar ligt een vrouw te wachten die 'verdacht' wordt van covid: ze is benauwd, heeft hoge koorts, spierpijn, een bonkend hoofd. Verdacht. Dat woord alleen al, denkt ze. Alsof die vrouw een misdrijf heeft gepleegd. Buurtgenoten van de vrouw openen hun ramen, gaan in hun portiek staan. En ze zien Marit, in dat XXL-beschermpak, waarvan het kruis op de knieën hangt, dat pak dat je al na twee stappen doet zweten, de beschermende bril beslaat vrijwel direct, het is soms moeilijk om de patiënt goed te zien. Alsof ze een marsmannetje is, denkt ze bij zichzelf, of erger nog, een wandelende bacterie; ze ziet mensen schrikken, alsof zij het gevaar is, alsof ze dood brengt in plaats van hulp. Ze stapt het huis binnen, de vrouw ligt op bed, haar echtgenoot is aan het redderen, hij zoekt de medicijnen die ze nodig heeft bij elkaar. Marit zegt hem dat hij toch echt een beetje afstand moet nemen. 'Het maakt me niet uit als ik ziek word,' kaatst hij terug, 'ik ben bezorgd om haar.' Marit rijdt de vrouw naar de VU, spoedeisende hulp. Ze brengt haar naar wat tegenwoordig op de vloer *de vieze kant* van het ziekenhuis wordt genoemd, de besmettelijke kant, de afdelingen met coronapatiënten. Bezweet, vermoeid, enigszins verward loopt Marit terug naar de ambulance. De komende tijd zal ze zo'n vijftien covidritten per week rijden. Elke keer dat ze iets meemaakt waarvan ze eigenlijk zou moeten bekomen, is er een volgend geval. Pas over een kleine maand, op 17 april, zal ze een man zien liggen op de afdeling, een zevenenveertigjarige man die zojuist uit zijn coronacoma is ontwaakt en erachter komt dat zijn vrouw ergens in dat niemandsland tussen coma en dood is weggeglipt. Hij heeft een foto van haar op zijn nachtkastje. De vrouw op de foto, ongeveer even oud als hij, glimlacht. Marit zal een onbestemd verdriet in zich voelen opkomen, een verdriet dat ze zichzelf niet kan toestaan, en dus maar wegslikt. Het volgende geval wacht. Waar komen die mensen toch allemaal vandaan?

Kim Putters, directeur van het Sociaal en Cultureel Planbureau, ontvangt berichten van burgemeesters die in een spagaat zitten tussen het sluiten van speeltuinen en parken aan de ene kant, en de drama's achter de voordeur aan de andere kant: vrouwen en kinderen die met geweld en misbruik te maken krijgen en geen kant op kunnen. Berichten van kinderen voor wie school hun veilige plek was, even weg van thuis. Berichten van ouders die in de deeltijd-ww zijn terechtgekomen of als zzp'er geen werk meer hebben, terwijl hun kinderen gedragsproblemen vertonen. Aan de andere kant merkt Kim ook onze onderlinge betrokkenheid op, onze solidariteit. Maar hoelang zal die duren? Wat als de crisis straks afzwakt, zijn we dan nog even solidair; wanneer zal ons egocentrisme weer de overhand krijgen? En hoe zit het met de kwetsbare ouderen?

Gisteren hebben premier Rutte en minister De Jonge van Volksgezondheid bepaald dat verpleegtehuizen vanaf vandaag geen bezoek meer mogen ontvangen. 'Een ingrijpende maatregel, maar hij is noodzakelijk,' zei De Jonge op de persconferentie. (Het is nog altijd wachten op de politicus die ronduit zegt: 'Een ingrijpende maatregel, die ook nog eens volstrekt onnodig is.') Alleen voor bewoners die stervende zijn, wordt een uitzondering gemaakt. De Jonge: 'Met gezond verstand en een gezond hart is dit goed te regelen.' Maar dat gezonde verstand en dat gezonde hart verkeren op gespannen voet. De telefoondiensten voor eenzame ouderen staan roodgloeiend, en hetzelfde geldt voor de kindertelefoon.

In Den Haag raakt Ayla (25, lerares Nederlands) bevangen door angst. Het komt, denkt ze, door de berichtgeving over jonge mensen, dat ze zich echt niet onaantastbaar moeten voelen, *het* kan ons allemaal raken, vastgrijpen en omvertrekken. Ze stoot haar thee om, spatjes op haar bananenbrood. Niemand heeft iets gemerkt.

Die dag moet ambulant medewerker Aafke echt even het huis uit om haar ouders in het tehuis een hart onder de riem te steken. Ze gaat op pad om een bos tulpen te kopen. Ze legt de bloemen voor de deur, gaat voor het raam staan en pakt haar telefoon. Haar vader lijkt dat van die bloemen niet helemaal te begrijpen. Wel wijst hij naar Aafkes auto, en steekt herhaaldelijk zijn duim op.

Maar niet alleen verpleegtehuizen zijn kwetsbaar voor verspreiding van het virus, dat geldt eigenlijk voor elke samenscholing van mensen. Zo ook voor gevangenissen. Op dinsdag 17 maart nam de Iraanse regering het radicale besluit om 85 000 gevangenen tijdelijk op vrije voeten te stellen om de verspreiding van het virus tegen te gaan. Op 3 maart werden al 54 000 gevangenen vrijgelaten. Een kwaadaardig bijeffect was dat radicale moslims, deels voormalige gevangenen, heilige plaatsen voor sjiieten bestormden, die tijdelijk waren gesloten in een poging tot indamming van het virus. Vernielingen, vandalisme, het heilige onteerd. En dan is er het gevangeniseiland Rikers Island, in New York, dat 5400 gevangenen huisvest, van wie 900 mensen vijftig of ouder zijn. 'Ik heb meerdere patiënten van in de tachtig,' schrijft Rachael Bedard, als geriater werkzaam op Rikers Island. 'Ik heb mensen met handicaps, die deels verlamd zijn, die kanker hebben, die drie keer in de week een dialyse moeten doorlopen, mensen met hiv.' Ze worden aan hun lot overgelaten.

Bij mijn dagelijkse wandeling zie ik, aan een grachtengevel, een enorme strop hangen. Bij nadere inspectie blijkt het een verhuistouw te zijn. Zacht wiegt het in de wind, geen verhuizer in de buurt.

Volgens Rutte zijn we in de zwaarste fase van de strijd tegen het virus beland, die hij en passant een van de zwaarste crises uit de Nederlandse geschiedenis heeft genoemd. 'Ik zie mensen in parkjes het gezellig hebben en sporten,' zei Rutte gisteren tijdens een persconferentie, met een toets van frustratie in zijn stem. 'Het kan, maar hou dan anderhalve meter afstand. Het risico op overdracht neemt dan enorm af.' Het door de premier als nuchter omschreven volkje blijkt vooralsnog behoorlijk koppig. Het is een van de lelijkste kanten van het individualisme; als mensen hun vrijheid zo belangrijk vinden, en elke inperking ervan als zo schokkend ervaren, gaan ze anderen in gevaar brengen. Dat zien ze vooralsnog niet in. Misschien morgen ook niet. Maar volgende week? Over twee weken? Nu de eerste schrik voorbij is, moeten we misschien meer oog krijgen voor de effecten die de crisis heeft op verschillende groepen in de samenleving. Een epidemie mag op zichzelf dan wel amoreel zijn, zo gaat ze niet te werk. Ze raakt de armen, de zwakkeren, hen met de minste weerstand, zij die decennialang gemarginaliseerd zijn geweest, altijd het zwaarst. Een voorbeeld: in Louisiana is liefst 70 procent van de overleden coronapatiënten zwart. (Terwijl de bevolking maar voor 30 procent uit zwarten bestaat.) In Milwaukee: 50 procent. (Tegenover 27 procent.) In Chicago: 72 procent. (Tegenover minder dan een derde.) Als wij, de meest geprivilegieerden, slechts onze sterke schouders ophalen, dan zijn de gevolgen voor onze rekening.

Door heel Europa is een dodelijke estafetterace gaande, vooralsnog zonder finish. Nederland ligt achter op Italië en Spanje, en weer voor op Groot-Brittannië, waar onlangs is bepaald dat de scholen dichtgaan. Lisette, in Londen: 'De stad zou afgesloten worden van de rest van het land, het leger zou worden ingezet, maar het is niet helemaal duidelijk of dat geruchten zijn. Maar wat ik zie, is dat heel veel mensen met spoed de stad verlaten om naar hun buitenhuis te gaan.'

'Er was nauwelijks nog een paard te koop of te huur in de hele stad,' schreef Daniel Defoe in *A Journal of the Plague Year* (1722), over de pest die in 1665 in Londen rondwaarde, die maakte dat de schichtigen de stad verlieten en de rest gevangen kwam te zitten, nadat de stadspoorten waren gesloten. De rijken stuurden bedienden om boodschappen te doen, de slager weigerde de kok vlees aan te reiken, en betalen deed je door munten in een emmer azijn te gooien. Boven de ingang van de huizen waar besmette personen woonden, werd een rood kruis opgehangen, met de tekst 'Lord, Have Mercy Upon Us'.

In Ierland gaat Nathalie (28) naar de huisarts. Ze is erg kortademig, en koortsig, al valt dat laatste niet te bevestigen, want overal zijn de thermometers uitverkocht. Hetzelfde geldt voor wc-papier, handzeep en ontsmettende handgel. Nathalie woont in Dundalk, een slaperig stadje op zo'n vijftien minuten rijden van de grens met Noord-Ierland. Haar huurappartement bevindt zich in het oude arbeidersgedeelte van het stadje, achter een straat vol pubs. Het is er donker, en aangezien haar man en zij te weinig geld hebben om meubels aan te schaffen, leven ze tussen de spullen van de eigenaar. De pubs in heel Ierland zijn dicht en voor het eerst in *living memory* – Nathalie heeft ergens opgevangen voor het eerst in tweehonderdachtenveertig jaar – is St. Paddy's Day afgeblazen. Wanneer Nathalie bij de huisarts arriveert, moet ze aanbellen en buiten wachten. Dan krijgt ze een masker en handschoenen aangereikt, en moet opnieuw wachten, in de hal nu. Ze ondergaat een ademtest, haar hartslag wordt gemeten, iedereen in beschermende pakken.

Hoewel Rodrigo Blanco Calderón, in Málaga, op vrij obsessieve wijze zijn handen schrobt, hoewel hij zijn gezicht niet aanraakt en nauwelijks de straat op gaat, sluipt het virus toch zijn huis binnen, elke dag opnieuw. Want Rodrigo leest de kranten. Rodrigo kijkt naar de paus die een leeg Sint-Pietersplein toespreekt, hij kijkt naar een hert dat verbouwereerd een kerk binnenloopt, hij kijkt naar een als dinosaurus verklede man die een reprimande krijgt van de politie van Murcia. Hij kijkt en kijkt, maar wat hij ziet, geen idee.

En wat ziet men in Parijs, waar de lente maar niet doorbreekt? Sinds afgelopen zondag, toen Macron zijn *nous sommes en guerre*-toespraak hield, zijn schrijver Raoul de Jong en z'n vriend hun appartement niet of nauwelijks uit geweest. Een paar weken geleden deed iedereen in Parijs nog lacherig over dat zogenaamd zo gevaarlijke virus. Ja, de pasta was uitverkocht, maar goed, pasta was toch een Italiaanse uitvinding. De terrasjes waren vol, de mensen lachten. Toen begonnen ze te hoesten. Ook in het café waar Raoul 's ochtends werkte. Zelfs de barman kuchte. En ja, Raoul ook. Had hij het? Is hij nu immuun, of nog steeds even kwetsbaar als de rest? Parijs, de belegerde stad, het grijze weer, Raoul heeft zin om dronken te worden, iets kapot te maken, iets te doen wat niet mag. Rond vier uur pakken zijn vriend en hij hun 'stomme papiertje' en gaan naar buiten. Ze zien twee koppels en zes zombies op straat. O ja, en junks, veel junks. Het is gúúr. Grijs. Koud. Raoul en zijn vriend zijn blij als ze weer thuis zijn.

Datzelfde geldt voor Jane Schoenmakers (20), die arriveert op een verlaten Stansted Airport. Een paar dagen geleden besloot ze, student aan de University of Westminster, dat het genoeg geweest was. In haar ogen nam Groot-Brittannië het virus niet serieus genoeg, en ze boekte een ticket naar huis. Janes twee koffers zijn de enige in het ruim. Jane heeft één medepassagier, de rest van het toestel blijft leeg. Gedurende de hele vlucht zit de Italiaanse crew met elkaar te smoezen, bezorgde gezichten, vertrokken monden. Geland, weer op Nederlandse bodem, thuis. Bijna de gehele vloot van KLM is geparkeerd, Jane heeft nog nooit zoveel wit-blauwe vliegtuigen bij elkaar gezien. De afgelopen tijd zijn er duizenden lege vliegtuigen de wereld over gevlogen, spooktoestellen die heen en weer bleven gaan om hun slots niet kwijt te raken. Janes familie staat haar op te wachten. Tegen de voorschriften in omhelst Jane ze stevig. Eindelijk weer in Nederland.

In de avond, om zeven uur precies, richt de koning het woord tot ons. Hij doet weer formidabele uitspraken. De zin 'bijna alles waarop je je verheugde is afgelast' mag wat mij betreft de hoeksteen worden van een nieuwe religieuze beweging. Zijn uitspraak van 'koffieochtend', namelijk als 'koffie-oggent', neemt me zeer voor hem in. Maar ook los van mijn particuliere en grotendeels onzinnige voorkeuren: het is goed dat hij het land toespreekt. Dit is niet het moment voor een vorst om afwezig te zijn; alleen het zien van zijn gezicht stelt mensen gerust, hij straalt continuïteit uit, normaliteit, degelijkheid. Bovendien bereidt de nadruk die hij legt op het volgen van de voorschriften en wat hij zegt over het vervolg van de crisis – die best nog wel even kan aanhouden of zelfs verergeren – ons mentaal voor op groter onheil, iets wat je nooit te weinig kan doen. Ook Trump sprak vandaag tot zijn burgers. Hij zei onder andere: 'Misschien komt er snel een vaccin, misschien niet. Ik voel me er in elk geval goed over. Dat is alles, het is een gevoel. Maar ik ben een *smart guy*.' Ook zegt hij: 'Het ultieme probleem, dat zou de dood zijn.' Het lijkt mij een verwijzing naar Lucretius, maar M. heeft haar twijfels. Hoe dan ook: ons staatshoofd wint.

Als de toespraak van de koning voorbij is en het beeld op zwart gaat, drinken M. en ik nog een glas rode wijn. In het zachte, schommelende lantaarnlicht, dat getrapt door mijn raam valt, ziet ze er indrukwekkend en sterk uit. Het perfecte moment om te zeggen dat ik haar bewonder. Maar in plaats daarvan spreek ik om een of andere reden mijn bezorgdheid uit over de reputatieschade die de vleermuis van de crisis ondervindt. Het is zijn schuld toch niet, betoog ik, dat hij al vijftig miljoen jaar aan ervaringen met virussen met zich meedraagt? Noch dat zijn familieleden en hij toevallig heel dicht opeengepakt leven, dat ze kortom houden van gezelligheid? Noch dat hij door te vliegen met allerlei andere dieren in contact komt; zouden we niet allemaal willen vliegen? Het is zijn schuld toch niet dat wij mensen hem in kooien stopten en die kooien dicht tegen elkaar aan zetten, dat wij hem opaten, kookten maar helaas niet lang en heet genoeg? 'Misschien is mijn empathie voor mensen even op,' zeg ik geschrokken tegen M. Ze aait me over mijn wang, we verplaatsen ons naar de bank. Als we liggen, kust ze mijn oor.

Ik vraag waar ze zin in heeft.

Ze fluistert me toe dat ze wil dat ik leid.

‘Met korte of lange ij?’ fluister ik terug. ‘Want alleen dat laatste kan ik beloven.’

Ze denkt even na, barst in lachen uit en duwt me van de bank.

Op zijn Parijse bank denkt Raoul: wat als dit voor altijd is? Wat als we nooit meer mogen reizen, nooit meer even de trein naar mijn moeder in Marseille kunnen pakken, nooit meer praatjes met vreemdelingen, nooit meer flirten, nooit meer dansen, nooit meer avontuur.

Zaterdag 21 maart (dag 126)

Vanochtend breekt in Parijs eindelijk de zon door. ‘Een wonder!’ zegt een nog slaperige Raoul tegen zijn vriend. En in de boom waar hij al een week op uitkijkt, zit een gele parkiet te zingen.

Hoe de twee delen van onze werkelijkheid met elkaar te verzoenen? Die twee helften die eigenlijk totaal niet in elkaar passen, die elkaar logisch gezien zouden moeten uitsluiten. Aan de ene kant het aantal besmettingen dat oploopt, de doden (nu 136 in Nederland), de nachtmerrieachtige verhalen uit Spanje, Frankrijk en Italië. Aan de andere kant de vrolijke vogels, de lentezon, het draaiorgel dat door de straat gaat, *geef mij maar Amsterdam*, de man met de platte pet en zijn koperen fooienbakje, het geratel van rondgaande munten. En jawel, de markt is open. Mano heeft vannacht een nieuw gedicht geschreven, getiteld 'Virus': 'In de Jordaan gaat de markt gewoon zijn dooie gang. Zoveel baby's op de Westermarkt, de ramen gaan open. We kunnen het niet laten de vuilnismannen en -vrouwen te bedanken voor hun ogenschijnlijk zo simpele arbeid die, zo bedacht men vroeger, voor dommekrachten bestemd was. Maar dat was gisteren, want in de nieuwe tijd, nu aangebroken, zijn de politieagenten, stratenmakers, kassiers, de buschauffeur en het ziekenhuispersoneel onze enige, enige helden. En ondertussen spelen de kinderen tikkertje, hier bij ons, in hartje Amsterdam.'

Een kop bij de NOS: '637 besmettingen en 30 doden erbij in Nederland, drukte op strand en markten'. Drukte in het bos, op het strand, in de treinen, op de markt. In België is de leus voor de coronacrisis: *blijf in uw kot*. En in Nederland laat NS-directeur Roger van Boxtel per tweet weten dat de treinen alleen nog rijden opdat mensen in vitale functies naar hun werk kunnen, en niet bestemd zijn voor *dagjesmensen*. Hier roepen de burgemeesters van Zandvoort en Bloemendaal op om niet meer naar hun overvolle stranden te komen. We blijven volharden in onze merkwaardige koppigheid, die (schat ik) deels uit vluchtgedrag, deels uit Hollands ik-bepaal-zelf-wel-wat-ik-doe-isme en deels uit pure onwetendheid bestaat. 'Blijf thuis vandaag,' benadrukt journalist Jarl van der Ploeg op Twitter. 'Roberto Burioni, de bekendste viroloog van Italië, zegt dat zijn land momenteel de tol betaalt voor het weekend van 7 maart, toen iedereen nog lustig de hort op ging. Vergelijk je alle cijfers dan zit Nederland nu precies in datzelfde, bepalende weekend.' Online verschijnt een nieuw woord, 'covidiot'; zelfstandig naamwoord, twee betekenissen. 1) Iemand die zo stompzinnig is om het 'social distancing'-protocol niet te volgen en 2) Iemand die massaal boodschappen en geneesmiddelen vergaart.

Onder de druk van het virus hebben die geografische grenzen die ik eerder noemde ook bijbehorende sociale scheidingen en tegenstellingen weer naar de oppervlakte geduwd. Onder de rivieren tegen boven de rivieren, zuid tegen noord, stad tegen platteland, wij tegen zij. Gert-Jan Segers van de ChristenUnie twittert dat Brabantse ic-artsen huilden toen ze deze week foto's op social media zagen voorbijkomen van in hun ogen onverantwoordelijke Randstedelingen. 'In Brabant sterven mensen aan Corona en boven de rivieren doen nog veel te veel mensen alsof ze van niets weten.' Het is een omdraaiing van het narratief: tot voor kort gaven Randstedelingen, op straat of toen dat nog mocht in cafés, juist af op Brabanders, die, door hun onbegrijpelijke voorliefde voor het carnaval al te enthousiast te belijden, het leven van alle Nederlanders in gevaar hadden gebracht. De afgelopen dagen hebben sommige ziekenhuizen buiten Brabant de overplaatsing van 'Brabantse' coronapatiënten geweigerd. 'Dat waren misverstanden,' legt Diederik Gommers uit. 'Mensen gingen nog uit van de oude manier van denken. Wat het moeilijk maakte, is dat vooral Brabant in de vuurlinie staat, terwijl andere ziekenhuizen dat gevoel nog niet hadden. Wij zijn nu bezig om overplaatsingen centraal te coördineren.'

Na het weekend zal het zover zijn: in het Erasmus MC in Rotterdam wordt een lege studiezaal omgebouwd tot een landelijk coördinatiecentrum voor patiëntenverspreiding en beddencapaciteit.

Hoofdschuddend kijkt mijn oudtante Dorien, woonachtig in Perugia, naar de televisie. De straten van haar geliefde stad zijn leeg, spookachtig leeg, zo zonder rondvliegende servetjes of universiteitsblaadjes en zonder toeristen. Ze kijkt naar internetbeelden uit de VS en Nederland, waar mensen nog gewoon naar het strand gaan, winkelen of koffie halen op de hoek. Ze kijkt, en schudt haar hoofd. Haar zus Eugenie, die ook in Italië woont, verbleef een paar dagen op het platteland toen het land op slot ging; ze mocht niet terug naar Rome. Dus nu gaat Eugenie internetloos door het leven, elke dag in hetzelfde shirt, en plukt ze asperges.

'Wij zijn allemaal vermoeide mensen die met stiekem plezier onze levens even tot stilstand brengen en ons met boekjes en borreltjes als huiskatten in de isolatie wentelen,' schrijft Sarah Sluimer in haar quarantainedagboek, 'maar ook denken dat de overheidsadviezen eigenlijk niet voor ons gelden. Waar de quarantaine echt pijn gaat doen, trekken we ons eigen plan. Soms om een ander te redden van de eenzaamheid, soms om onszelf te helpen.'

Ondertussen komt het virus, ook voor mij, steeds dichterbij. In Londen weet Lisette zeker dat ze het heeft. Ze heeft al dagen last van moeheid, hoofdpijn en verhoging. Maar vooral heeft ze last van het wegvallen van haar smaak- en reukvermogen. Nu toevallig net het symptoom dat vandaag aan de lange lijst van coronasymptomen is toegevoegd. Ze ligt eindeloos op bed, te chatten, te lezen. Ze vindt het vooral saai. Zolang ze het saai vindt, zeg ik tegen haar, bevinden we ons nog op veilig terrein.

Op nog geen anderhalf uur rijden van Lisette maken George en Clarissa een lange wandeling. Langs het spoor, langs de oude steengroeve, langs een centrum voor afgedankt recyclemateriaal, bergen vol rotzooi en gebroken onderdelen van niet te herleiden apparaten, ze lopen verder, langs de koolvelden. Soms beeldt hij zich in dat hypochondrie een gewas is, zoals kool. In gedachten begint hij aan een gedicht: je staat aan de rand van een veld van hypochondrie, heldergeel. Is het niet verleidelijk om een stap naar voren te zetten? Om even aan je wenkbrauw te zitten? En wat als je een keertje hoest, of misschien zelfs twee keer? Ben je misschien slaperig? Slaperiger dan voordat je begon te zoeken naar tekenen van vermoeidheid? Misschien snotter je wel een klein beetje. Misschien ruik je je koffie minder goed dan normaal. Het gele veld van hypochondrie ligt altijd op je te wachten, concludeert George. Clarissa en hij lopen verder. Ze treffen twee dode duiven aan, vermoedelijk gedood door de wouwen die boven het stadje cirkelen. Eenmaal terug in Wymondham: gesloten winkels met briefjes over het virus op de ruiten. Sommige zaakjes zijn een paar uur per dag open. De kebabzaak op Fairland Street bezorgt alleen nog maar. 'Voor sommigen van ons,' noteert George in zijn dagboek, 'is het een kwestie van de vreemde tijden maar zo normaal mogelijk maken. Voor anderen zal het vreemde op zichzelf normaal worden. Maar voor weer anderen zal het vreemde eenvoudigweg vreemder en vreemder worden.'

En het wordt vreemder. Op het Franse platteland bladert Dimitri Verhulst door het streekkrantje, *La Nouvelle République*. De overlijdensrubriek is dikker geworden. Michel Poupin, Philippe Pointreau, Marie-Claire Bonnifet... In de overlijdensberichten staat dat er geen plechtigheid zal plaatsvinden. 'Ze gaan ons begraven als honden,' noteert Verhulst in zijn dagboek. 'Het gerucht gaat dat de stoffelijke overschotten van de getroffenen, de levenden nog kunnen besmetten. Wie wil er ons straks überhaupt nog begraven?' Het goede nieuws voor Verhulst is dat de Franse overheid sigaretten tot essentieel goed heeft bestempeld, waardoor ze nog altijd verkrijgbaar zijn.

's Middags koop ik twee gram wiet in de coffeeshop, waar nog slechts één klant tegelijk binnen mag komen, voor de spacecake die M. en ik morgen willen maken. 'Om wat voor cake gaat het?' vraagt een uitgebeende kale man in een veel te groot leren jack vanuit de hoek van de ruimte. 'Welke vorm?'

'Eh, een gewone,' zeg ik maar terug. 'Met een gewone vorm.'

'Een begrafeniscake, bedoel je.'

'Goed,' antwoord ik, 'een begrafeniscake.'

'Niet te veel nemen, hè. Dan weet je straks niet meer welke dag het is.'

'Om eerlijk te zijn weet ik dat nu ook al niet.'

'My man,' fluistert de schim.

Op mijn telefoon zie ik deze foto op Instagram, gepost door Dude with Sign, de profeet van onze tijd.

Ik wandel verder, langs mijn bakker, Mohammed, die sinds de crisis zo'n 75 procent van zijn gebruikelijke omzet misloopt. 'Maar wij mogen niet klagen,' zegt hij. 'Ik heb elke dag contact met mijn familie in Marokko, en daar is het een ander verhaal. Totale lockdown. En dat werkt niet voor Marokkanen. Wij verdienen vandaag het geld voor morgen. Wie zorgt er dan voor het eten?' Ik vraag hem wat de Koran over epidemieën zegt. Mohammed: 'De Profeet zegt: "Wanneer gij hoort dat een epidemische ziekte heerst in een land, ga er dan niet heen; maar wanneer zo'n ziekte uitbreekt in het land waar gij verblijft, vertrek dan niet."' Een opmerkelijk verschil met 'ons' pestmotto in de christelijke Middeleeuwen: *cito, longe, tarde*. Oftewel: vertrek snel, ga ver weg, en kom pas na lange tijd weer terug.

19.52 uur. M. staat in de keuken, ze zingt mee met de blikkerige tonen van telefoonmuziek. Het geluid van het grote, Japanse mes dat neerkomt op het hakblok, de pan die sist, de warm-bittere geur van knoflook die zich langzaam door de keuken verspreidt, via de overloop, naar de woonkamer, tot de bank waar ik op zit.

'Ik zal vanavond niet meer over lijken praten,' beloof ik als we aan tafel zitten.

M.: 'Special night.'

Ik: 'Ik hoop dat ze de Duitsers snel verslaan en de oorlog voorbij is.'

Zij: 'Pas je op dat je niet te erg in je project verdwijnt. Ik wil niet dat ik straks een omhelzing nodig heb, en dat jij dan, voordat je me vastpakt, in je notitieboekje schrijft dat ik behoefte heb aan een knuffel.'

Ze heeft natuurlijk groot gelijk over mijn notitiedrang. 'Maar op deze manier heb ik een taakje,' zeg ik. Even overweeg ik haar te vertellen over mijn grootvader van vaderskant, die als baan had om voor de busmaatschappij verkeersongevallen te fotograferen. Soms keek mijn grootmoeder uit het raam en verzuchtte: 'Gebeurde er maar weer een ongeluk, dan verliet hij tenminste het huis eens.'

'Hoe voel jij je eigenlijk?' vraagt M.

Tot mijn verbazing heb ik daar eigenlijk geen idee van. Er zijn wel momenten van angst, van zorgelijkheid, maar die schuif ik eenvoudig terzijde, veel eenvoudiger dan normaal in elk geval. Zonde van de tijd als ik ga zitten lijden. Andere mensen hebben het aanmerkelijk zwaarder dan ik. Bovendien heb ik dus een taakje. 'Verrassend goed,' zeg ik maar, en het is geen leugen. 'En jij?'

Ze maakt zich een beetje zorgen om onze vrienden Stefanie en Daan. Hun stokoude buurvrouw Dien kreeg, naast haar ouderdomskwalen en een hardnekkige blaasontsteking, ineens hoge koorts, en overleed na een kort ziekbed. In die laatste levensfase was ze positief getest op corona, al zeggen de nabestaanden dat niet graag, hun Dien zal niet voortleven als statistiek, als één onder de naamloze velen. Aangezien bovenbuurvrouw Isolde een van de mantelzorgers was die nog bij Dien over de vloer kwam, en Isolde weer de enige was die de zelfquarantaine van Stefanie en Daan soms doorbrak door langs te komen, is er reden tot zorg. Ze hebben allebei keelpijn en hoesten veel. 'En Stefanie zegt dat Daan niet meer droomt.'

Ik vraag haar wat dat betekent.

'Dat weet ik ook niet,' zegt ze, 'maar sinds corona droomt Daan niet meer.'

Ze zegt dat ze morgen bij ze langsgaat, met lekkere chocolaatjes van de traiteur. Zolang we het woord 'traiteur' gebruiken, zeg ik tegen mezelf, kan er geen sprake zijn van een crisis. Maar dit is een andere crisis dan ooit tevoren.

Geen bloembollen maar Tony's Chocolonely. Het woord quarantainekilo's is in omloop geraakt.

Ik kijk op mijn klok. Vanavond, nu, zou een vriendin trouwen. Maanden had ze naar de bruiloft toegeleefd, sportend voor het perfecte figuur en zoekend naar de perfecte jurk. Maar het feest is op het laatste moment afgeblazen; volgend jaar is de herkansing. Andere bruiloften gaan door.

Op dit moment trouwen Berdien en Gerke Wassenaar in hun tuin in het Friese Surhuizum, omringd door de gasten, die op hooibalen zitten. 'Corona weert de liefde niet,' zegt hun trouwambtenaar. In het Spaanse La Coruña trouwen twee mensen in het open raam van hun appartement, de ene buurman leidt de ceremonie, de andere is getuige.

Na het eten bel ik mijn goede vriend Jesse, die vlak voordat de crisis uitbrak met zijn vrouw Renée en hun zoontje Oscar (2) op reis ging, naar Nieuw-Zeeland en omstreken. De afgelopen week zaten ze op Rarotonga, een van de Cookeilanden, op vier uur vliegen van Nieuw-Zeeland. Op Rarotonga is geen goede internetverbinding, en het eiland telt maar één radiozender, Radio Rarotonga, waarin men uitsluitend over muggen en kerken praat, en dat in een accent dat Jesse en zijn vrouw Renée maar niet kunnen ontcijferen. Gisterochtend kwam er een scooter voor hun hut gereden. Of ze wisten dat ze het eiland niet meer af mogen. Bijna alle toeristen bleken te zijn vertrokken. Nee, Jesse en Renée mogen niet naar Australië, niet naar Nieuw-Zeeland, en kunnen dus ook onmogelijk terug naar Nederland. Via FaceTime zie ik een zonovergoten tuin, palmbomen, kokosnoten, en Oscar die rondscharrelt en stoeit met woordjes zoals *gaggagie*, wat 'vrachtwagen' schijnt te betekenen. Zij zien iemand (mij) die de hele dag door getuigenissen verzamelt over iets wat hijzelf nog altijd niet kan bevatten.

Jesse (orthopeed) en Renée (verloskundearts) zijn geschrokken door de verhalen vanuit Nederland, vooral door de smeekbedes van zorgcollega's uit Noord-Brabant, die aan de alarmbel trokken en video's opnamen. Op die video's: gehaaste, bleke doktersgezichten, die zeggen: 'Het gaat niet goed hier in Brabant, we zijn gestopt met alle andere vormen van behandelen, geen chirurgie meer, geen acute chirurgie, geen dialyse, geen neurologie, we kunnen niks leveren, iedereen wordt ingezet in het ziekenhuis in de strijd tegen het virus, ook alle specialisten, we zijn vierentwintig uur per dag aan het werk, we zijn vier muren met daarbinnen alleen maar besmette mensen. De buffers in alle omringende ziekenhuizen zijn op.' Jesse en Renée staan machteloos. En Oskarchen dartelt verder.

Die avond kijken M. en ik *The Handmaid's Tale*. Ik word overvallen door een onverwachte vlaag van jaloezie. Offred en de haren mogen ten minste nog in groepjes boodschappen doen. M. is minder jaloers. Terwijl zij nog een aflevering opzet, kijk ik naar de gevels in mijn straat, het reliëf, de daken.

Om 18.15, 00.15 uur onze tijd, gaat Yvonne in Peru het dak op om de ondergaande zon te bekijken. De daken staan zo'n vijf meter van elkaar af, een veilige afstand. Haar zoons hebben met emmers, touwen en katrolletjes een provisorische zipline geïnstalleerd, nu kunnen ze hapjes, drank, en sigaretten heen en weer sturen. En dan praten ze, Yvonne en haar buren. Ze drinken, drukken hun zorgen uit, en soms lachen ze.

’s Nachts, in het Reinier de Graaf-ziekenhuis te Delft, maakt Dick van der Ploeg (87), een voormalige postbode met een uitstekende conditie, een kletspraatje met de verpleegkundige, wachtend op de uitslag van zijn test. Ook zij lachen. Eerder op de dag stapte Dick in de taxi voor zijn dialyse. Toen hij terugkwam in Zoetermeer wist zijn dochter Jacqueline niet wat ze zag. In een paar uur tijd leek hij totaal te zijn veranderd, hij kon niet meer op zijn benen staan. Ze reden terug naar het ziekenhuis, er mocht maar één familielid mee naar binnen. Debby, Jaquelines zus, ging mee. Dick gloeide, maar hoestte niet. Het ziekenhuispersoneel besloot hem toch te testen. Debby werd naar huis gestuurd, Dick ging in isolatie.

Zondag 22 maart (dag 127)

’s Ochtends wordt Dick heel benauwd wakker. Zijn dochter Debby wordt opgebeld, ze moet nu komen, bij aankomst krijgt ze een bril, een mondkapje en handschoenen, en ze wordt helemaal in plastic ingepakt. Inmiddels is de uitslag van de test bekend: corona. Dick kan al niet meer praten. ‘Pap, ik ben hier,’ zegt ze tegen haar vader. ‘Ik ben bij je.’ Via een videoverbinding op de telefoon kijken Jacqueline en haar man Leo mee. Dick zwaait.

Tegen halftwaalf krijgen miljoenen Nederlanders een emergency alert op hun telefoon: 'Emergency alert: Extreme. Volg instructies Rijksoverheid op: houd 1,5 meter afstand! Bent u ziek of verkouden? Blijf thuis. Bescherm uzelf en de mensen om u heen. Samen tegen Corona. Keep your distance to others.' Ondertussen heeft Mea, de vriendin met wie ik in een café in februari speculeerde over de advent van het virus, de lekkerste wentelteefjes op aarde gemaakt. Die ze vervolgens in haar eentje opeet, uitkijkend over Amsterdam. Vanavond zal ze horen dat op de eindredactie van het documentaireprogramma waarvoor ze werkt, corona is uitgebroken.

Overal ter wereld zoeken overheden naar de beste manier om coronaveiligheid onder de aandacht te brengen. In Dakar, hoofdstad van Senegal, zijn bontgekleurde muurschilderingen verschenen; over mondkapjes, het snuiten van je neus in de elleboog, het wassen van je handen. In Vietnam heeft tekstschrijver Khac Hun in samenwerking met de regering een lied geschreven met als tekst 'was je handen, en boen, boen, boen overal'. Het is een internationale hit geworden, met name op TikTok. In Mexico heeft de regering een nieuwe superheld in het leven geroepen, Susana Distancia genaamd, oftewel Suzan Afstand, die als voornaamste superkracht heeft dat ze mensen bewust maakt van de inmiddels heilige meeteenheid van anderhalve meter. In Guatemala besluit de regering de gewenste intermenselijke afstand (daar twee meter) te concretiseren: iedereen moet een tapir – Google Images is your friend – van elkaar vandaan blijven.

Muziek blijkt de kunstvorm die het makkelijkst te coroneren is. De Oegandese popzanger, parlementariër en presidentskandidaat Bobi Wine heeft een hit gescoord getiteld 'Sensitise to sanitise'. In Vlaanderen heeft de Roeselaarse band De Gemene Delers een nieuwe versie van Rocco Granata's 'Marina' gemaakt: 'Femme Fatale Corona'. Rapper PITA, uit Mechelen, heeft 'ABC' van The Jackson Five van een nieuwe tekst voorzien: 'Paniek in de Aldi. Er is niks buiten chips.' De Franse zanger Anthony Joubert heeft de Macarena omgezet tot 'C'est le corona'. De Zwitserse zanger Yann Lambiel heeft 'Y'a le printemps qui chante' van Claude François omgebouwd tot 'Reste à la Maison'. Madonna's 'Vogue' is omgezet naar 'Stay Home Vogue' (de Amerikaanse zanger Chris Mann). Neil Diamond heeft zijn eigen hit 'Sweet Carolina' geüpdatet. Onder meer valt de zin: 'Don't touch me, I won't touch you' te horen. Nirvana's 'Stay Away' werd 'Stay Inside' (Urian Hackney). The Beach Boys' 'Kokomo' werd 'My Corona Home (Jon Pumper). Enzovoorts, et cetera, und so weiter.

De Utrechtse zanger O. (39), wiens tournee zojuist is uitgesteld, peinst over Shakespeare en Rembrandt. Als de stroom aan pestdoden boven een bepaalde grens kwam, heeft hij ooit gelezen, werden Shakespeares theaters gesloten. En Rembrandt zat ook af en toe in quarantaine, en verloor zowel zijn maîtresse als zijn zoon aan de pest. Al peinzend wandelt O. naar de brievenbus, waar hij een briefje vindt van de buren; of de binnenplaats van het appartementencomplex gebruikt mag worden voor de uitvaart van hun doodgeboren kindje. Ze kunnen niks anders regelen vanwege de coronamaatregelen. Gek van de Hamletachtige twijfelzucht die hem nogal eens bezet, gek van de algehele grimmigheid, belt hij zijn liefje L. om te zeggen dat het hem spijt, en dat ze trouwplannen moeten maken, en zou een baby niet leuk zijn?

Die middag is het zover: M. en ik maken voor het eerst in ons leven spacecake. Ons coronarecept: eerst verbrokkel je de wiet, die je dan veertig minuten in de oven moet verwarmen, daarna vermeng je deze met boter. De geurige wietboter toevoegen aan het beslag en de hele zwik in de oven. De keuken ruikt naar een coffeeshop, Jeff Buckley zingt 'Hallelujah' en komt ermee weg.

Halfnegen in de avond. Pas nadat we onze eerste plak hebben genomen, zoeken we op hoelang de effecten merkbaar blijven, wat achteraf gezien, ik geef het ruiterlijk toe, niet de ideale volgorde der dingen is. Vijf tot zeven uur. 'Kak, kak, kak,' zegt M., die morgen online lessen heeft, en nog veel moet voorbereiden. Ze laat zich adviseren door de website van het televisieprogramma *Spuiten en slikken*, die als algemene tip geeft: 'Hoe slecht je ook gaat, geen paniek', het Nederlandse equivalent van *keep calm and carry on*. Terwijl onze gedachten ijler worden en we langzaam opstijgen, zegt M. lijzig dat ze wil dat alles weer normaal is.

Maar wat is normaal?

Zij: 'Je weet best wat normaal is.'

Ik: 'Volgens mij heb ik geen idee meer.'

Zij: 'Normaal is mensen zien, boodschappen doen, reizen, een krant kopen waar iets anders in staat dan stukken over het virus.'

Ik: 'Dat komt allemaal terug.'

Zij: 'Je trekt je maar-gezicht.'

Ik: 'Maar ik weet niet of we dan nog boodschappen doen op dezelfde plek, of we reizen met dezelfde vliegtuigen als vroeger, of de mensen die de krant maken nog dezelfde mensen zijn. Met andere woorden: onze beleving van het dagelijkse leven, de beleving van *normaliteit*, zal altijd blijven bestaan, maar misschien is de structuur achter die beleving wel definitief veranderd.'

Zij: 'Je bent stoned.'

Ik: 'Nee. Misschien. Ja?'

Zij: 'Niet erg. Ik voel 'm ook voor dertig procent.'

Ik: 'Deze uitspraak doet me vermoeden dat je al zeker op zeventig procent zit.'

We lachen, kijken naar Netflix, stoeien.

In bed discussiëren we langdurig over de vraag of er een verschil bestaat tussen high en stoned zijn, een semantisch dilemma waar vast al duizenden grote geesten zich in de loop der geschiedenis over hebben gebogen. Maar we zijn het, high dan wel stoned. Onze hoofden draaien rondom het bed, een druppelende kraan bevindt zich vlak naast onze oren, net als die krakende plank, M. zegt dat alles geluid maakt, alles behalve wij.

'Waar ben ik?' zegt ze in het donker.

'Oké, dat klinkt niet goed.'

'Ik heb het warm, koud, warm, koud.' Ze denkt even na. 'Maar ik heb géén koorts.'

Maandag 23 maart (dag 128)

Kassamedewerker Peter Otsen (60) staat tegenwoordig voor dag en dauw op. Zíjn Albert Heijn, in Amsterdam Noord, verzorgt tweemaal in de week een boodschappenuurtje voor ouderen, zodat ze op hun gemak kunnen rondlopen. De ouderen kopen vooral zeep, gel en onganse hoeveelheden bleekmiddel. En ja, ze hamsteren. Waar mensen gemiddeld achttien euro uitgeven aan een rondje supermarkt, is dat tijdens het ouderenuurtje zevenendertig euro. Maar het is ze gegund, vindt Peter.

Duitse banketbakkers maken marsepeinen wc-rollen, en Amerikaanse sieraadmakers brengen wc-rol-oorbellen op de markt, bestaande uit kleine kraaltjes of parels.

Stefanies Daan droomt weer, stelt hij tevreden vast bij het ontwaken. Vannacht droomde hij dat hij in een Indiase grillroom in Antwerpen zat, om de uitbater om de hand van zijn dochter te vragen. De uitbater vond dat Daan zijn liefde maar moest tonen, en wel door heel veel Indiaas eten te verorberen. Toen Daan het niet op kreeg, werd de vader, bijgestaan door zo'n tien neven dan wel broers, woedend. Daan de-escaleerde de boel door voor te stellen dat hij het eten zou meenemen naar huis, mits ze het konden inpakken. Dus ja, Daan is vandaag min of meer tevreden wakker geworden: het virus heeft zijn verbeelding niet blijvend aangetast.

M. droomt regelmatig over New York. Vannacht, om twee uur 's nachts onze tijd, heeft de gouverneur van New York, Andrew Cuomo, besloten dat alle *non-essential businesses* de deuren moeten sluiten. Het is de officiële bezegeling van een langzaam stilvallen van de *city that never sleeps*, het was als een groot en energiek lichaam, dat eerst zijn normaal gesproken *frantic energy*, de lopen-met-een-latte-in-de-hand-energy, de joggen-met-de-stroller-energy, de ruzie-in-het-verkeer-energy voelde wegsijpelen, en daarna een voor een ledematen verloor. In Chinatown ging het al een tijdje slecht; veel restaurants en souvenirwinkeltjes sloten de deuren, wat een golf van ontslagen met zich meebracht. Andere wijken volgden. Supermarkten werden leeggekocht, dieven stalen zeep, de eigenaren lieten ze maar gaan – als mensen zo wanhopig zijn dat ze zeep jatten, *whaddayagonnado?* Maar tot ergernis van Cuomo bleven New Yorkers nog gewoon naar de parken en speelplaatsen gaan alsof er niks aan de hand was. 'Het is ongevoelig, het is arrogant, het is zelfdestructief, het is respectloos naar anderen en het moet ophouden,' zegt Cuomo. 'Het moet nu ophouden.' Inmiddels is de regio New York, verantwoordelijk voor 5 procent van de wereldwijde coronagevallen, een epicentrum van de pandemie geworden.

Dus ja, al M.'s favoriete zaakjes zijn gesloten, de vierentwintiguursdiner van waaruit we eindeloos hebben gebeld terwijl zij koffierefill na refill kreeg, de mexicaan waar we cocktails dronken, de koffietent-zonder-wc, waar ze het allerliefst zat (onhandig, als je het mij vraagt, maar de stilte van het zaakje beviel haar; ze dronk dan een paar uur niks, zodat ze het daar extra lang zou volhouden), de schoenmaker waar ik afgelopen november een nieuwe zool op het leer van mijn stappers liet slaan, het boekwinkeltje waar ik toneelstukken kocht, de Daily Bagel onder haar appartement. Allemaal dicht, en het is maar de vraag of de zaakjes deze klap te boven komen. Donald G. McNeil Jr., coronaspecialist van *The New York Times*, ziet het somber in: 'Het is alsof we al twee weken in oorlog zijn met een vijand die constant op ons schiet, en wij lopen door, en lopen door, zonder te kijken of we eigenlijk bloeden.'

M. krijgt een sms'je van een ex, dat hun koffieafspraak maar even moet wachten, tot na de Apocalyps. Bij het lezen van het berichtje raakt M. overvallen door nostalgie. Ze mist haar groene stoel, zegt ze, het eerste meubelstuk dat ze ooit kocht, de eerste keer dat ze zichzelf toestond te denken: waar ik ook heen ga, de stoel gaat mee.

Ik durf haar niet te opperen dat de stad die ze mist misschien wel helemaal niet meer bestaat, of niet helemaal, en daardoor helemaal niet; als iemand dat weet is zij het. Aangezien we allebei nog een beetje stoned (of high) zijn van gisteren, gaat het zwijgen me goed af. 'Zullen we anders een nieuwe groene stoel kopen?' vraag ik even later.

Ze schudt haar hoofd.

's Middags heb ik een afspraak die ik toch maar laat doorgaan, met een uitgever, die een blauw trainingspak draagt, want ja, hij is toch min of meer de enige in het pand. Het is een wonderschone dag, die bijna als normaal aanvoelt, de zon wordt steeds minder bleek en kil, nog een paar dagen en we kunnen spreken van een lentezon. 'Het licht is warm en fel,' noteert George in Wymondham. 'De bladeren hebben een goud patina. Alles is juweelachtig, bijna paradijselijk.' Toen Clarissa en hij in Norfolk gingen wonen, zei hij eens dat het net een landschap uit een edwardiaanse zomer was. Stilte, vogels, nauwelijks vliegtuigen, en als er auto's waren, klonken ze zacht, bromvliegen in het veld. Overal ter wereld mocht men naar de wapens en het gas grijpen, dacht George bij zichzelf, maar dat zou zich eindeloos ver van hier afspelen. Vanmiddag, bij het boodschappen doen, rijdt er een auto langs George, de chauffeur draagt een ouderwets gasmasker.

Hier in Amsterdam gaan de bouwwerkzaamheden door. Heipalen, en drilboren in een vlug, spechtachtig ritme. De uitgever en ik praten over *het vak*, dat de meeste (niet alle) uitgeverijen *het* kunnen opvangen, maar dat de berichten uit de boekhandel gemengd zijn; sommige verkopen meer boeken dan anders, de meeste vrezen kopjeonder te gaan. We praten over de *Decamerone*, Boccaccio's meesterwerk, die kolos bestaande uit honderd novellen, verteld door drie mannen en zeven vrouwen, de tijd dodend op een buitenplaats, op de vlucht voor de pest die Florence tot een dode stad heeft gemaakt. 'Maar ja,' zegt de uitgever. 'Dat is fictie.' We wandelen, op gepaste afstand, door de Utrechtsestraat, maar nergens vinden we koffie. Dus keren we terug naar de uitgeverij, waar we min of meer aan weerszijden van de tuin gaan zitten en een gesprek voeren dat bijna als normaal aanvoelt, en die normaliteit doet me goed, ontroert me bijna, terwijl ik naar huis fiets sta ik mezelf toe te denken: dit was een gewone afspraak, op een gewone dag, ik leef in een flashback.

Gisteren zijn er, lees ik, 34 coronapatiënten overleden; negen minder dan gisteren. Wordt de curve flatter, of heeft er iemand niet goed zitten tellen? Uitgelaten doe ik mijn dagelijkse oefeningen, terwijl M. me gadeslaat vanaf de bank, een dichtbundel van Keats op haar schoot. 'Lekker bezig, papi,' laat ze zich ontvallen.

Verderop, in het park, discussiëren Elfie en Cesar, teruggekeerd uit Cuba, over dat ze per ongeluk een struik aanraakt. 'Dan kun je net zo goed aan een deurklink gaan likken!' roept hij. Ze probeert hem al een tijdje te verleiden tot een potje badminton op straat, als er niemand is, maar hij durft niet goed meer naar buiten. Ze blijft het gewoon proberen.

Als ik tegen etenstijd sta te douchen, roept M. me, tijd voor de volgende persconferentie. Haastig draai ik de kraan dicht en neem, met een druipende linkermouw, naast haar plaats op de bank, met op mijn schoot een boek over de geschiedenis van de pest in Nederland en mijn notitieboekje. Onze premier heeft het over *de lessen van Brabant*. Nieuwe maatregelen. Strenge maatregelen. Tot 1 juni mogen we niet meer samenkomen, bedoeld wordt (volgens mij) in groepjes van meer dan drie. En zelfs in het geval van drie personen dienen we de anderhalve meter te respecteren. Doen we dat niet, dan krijgen we vierhonderd euro boete. En alle grote evenementen, 4 mei, de festivals, alles waar je je op verheugde, zijn voorlopig afgelast.

'Maar wij mogen elkaars hand nog wel vasthouden, toch?' vraag ik.

'Zeker,' zegt ze, terwijl ze een glas rode wijn inschenkt.

Rutte noemt deze set van maatregelen een *intelligente lockdown*, waarmee hij volgens mij niet meent te bedoelen dat de lockdowns van andere landen stompzinnig zijn (wat hij natuurlijk wel doet) maar waarmee hij bedoelt dat 'onze' lockdown niet de gehele samenleving zal platleggen. Zijn voornemen lijkt op wat in de wetenschappelijke taal van de zeventiende en achttiende eeuw, zo lees ik in mijn boek, een *prophylaxis politica* heette, een politiek van voorbehoeding: een strenge isolatie van zieken, het rigoureus beknotten van de handel, het grotendeels stilleggen van verkeer, en het opbouwen van quarantainevoorzieningen. Destijds leerden we deze trucs van de Italianen, die meer ervaring hadden met de pest dan wij. We mogen dus nog wel naar buiten, voor 'vitaal werk', om boodschappen te doen, medicijnen te halen en ook om een luchtje te scheppen, dat wil de premier ons niet ontnemen. Maar we moeten wel 'slim' omspringen met onze vrijheden.

'Kunnen we die gok nemen dat mensen intelligent zijn of intelligent handelen?' vraagt een journalist terecht.

Nooit! wil ik roepen, die gok moet je nooit nemen, niet in dit land maar vermoedelijk evenmin in elk ander land.

De stap naar een totale lockdown wil ik liever niet nemen, zegt de premier.

Nog tien weken dus, minimaal tien weken, voordat we weer naar buiten kunnen om ergens een bakkie te drinken, voordat we kunnen sporten, voordat we vrienden en familie kunnen zien. Nog minimaal tien weken dat M. in Nederland zal zijn.

Ik schenk ons nog een glas in.

'Al die rimpeleffecten,' zegt ze, 'al die druk die er op gezinnen komt te staan, op stelletjes, al die onnatuurlijke spanning. De eerste relaties zijn al gesneuveld, wist je dat? En dat zijn relaties die onder normale omstandigheden misschien nog gewoon hadden gewerkt.'

Die nacht, van twaalf tot twee, volgt ze haar New Yorkse college, via Skype. Vertrouwde gezichten uit een ander leven, gesprekken over politiek van lang geleden, discussiëren over iets wat een paar maanden belangrijk leek. Maar het doet haar goed. Ze is weer even wie ze was.

Dinsdag 24 maart (dag 129)

Bij het ontwaken is hij er nog, de milliseconde die me van de werkelijkheid scheidt. Die kleinst mogelijke eenheid van tijd waarin ik me op een intuïtieve manier bewust ben van dat er *iets* anders is, maar ik niet weet wat dan, misschien verbeeld ik het me wel, misschien is alles zoals het hoort te zijn. In de loop der geschiedenis moeten miljoenen mensen die milliseconde hebben beleefd, nadat een nieuwe pestilentie was gesignaleerd, nadat de Vesuvius was uitgebarsten, nadat de pest was uitgebroken, miljoenen mensen met wie ik nu iets deel wat ik gisteren nog niet met hen deelde.

M. wordt vrolijk wakker, binnen de kortste keren ligt ze dubbel om een vrouw genaamd Joke die op Instagram filmpjes plaatst van zichzelf die beroemde liedjes naspeelt met het orgel, #joke #orgel #orgeljoke #quarantaine. Ik lach niet mee. De ons opgelegde termijn van 1 juni valt me zwaar. Nog minimaal tweeënhalve maand leven op de waakvlam. Nee, het gaat dieper dan dat, het is alsof de gisteren door Rutte aangekondigde maatregelen van iets tijdelijks iets semipermanents hebben gemaakt.

Mijn vriend Mikko beleeft iets soortgelijks, vertelt hij me aan de telefoon, maar zijn toon heeft een activistische toets. Hij vindt onze ministers autoritair, en hij heeft principiële bezwaren tegen het afkondigen van wetten en regels waartegen we ons niet kunnen verweren, waartegen we niet kunnen demonstreren, want samenscholingen zijn nu verboden, terwijl het recht op demonstraties toch echt is vastgelegd in de Grondwet. Ja, vermoedelijk zijn het noodzakelijke maatregelen, maar aan de andere kant: hebben in de loop der geschiedenis niet tientallen dictators of politici met autoritaire trekjes crisissituaties als deze aangegrepen om regels in te stellen die onze democratische vrijheden inperkten? Nou? Later die middag, als hij met een biertje op zijn stoep zit, gaat het trouwens alweer beter. Een vriend en hij zijn van plan Radio Corona op te starten, waar uitsluitend Jacques Brel gedraaid zal worden.

'De gevolgen van al die besluiten van het kabinet dringen steeds meer tot me door,' schrijft Lys (32) op dit moment aan haar vriend, die als militair in Afghanistan zit. 'Het zijn verregaande inperkingen van het publieke leven en van onze (burger)rechten. Hoe gaat dat verder? Hoelang duurt dat? Moeten "wij" ons ergens tegen weren? Hoe werkt zoiets in een democratie?'

Overal ter wereld veranderen politici in staatsmannen of -vrouwen, of zeggen politici tegen hun reflectie in de spiegel: dit is het moment om een staatsman of -vrouw te worden, dit is waarvoor je het doet, dit is het moment om er te zijn voor de mensen, dit is hoe je de geschiedenisboekjes in wil gaan. Laten we het de Churchill-koorts noemen. Rutte heeft een relatief milde vorm te pakken. Niettemin vliegt de VVD omhoog in de peilingen, en durven andere politieke partijen weinig kritiek te leveren, Forum voor Democratie en de Partij voor de Vrijheid uitgezonderd. Over het algemeen steunen de progressieve partijen de koers van het kabinet, al zijn er accentverschillen in hun boodschap te bespeuren: de PvdA benadrukt economische en sociale solidariteit, terwijl GroenLinks de crisis in een breder ecologisch verhaal probeert onder te brengen.

In het buitenland heeft vooral Boris Johnson de Churchill-koorts. Ja, Johnson, die liefst vijf coronabijeenkomsten van Cobra, de nationale crisiscommissie, miste vanwege andere afspraken. (Al blaast Trump, die zichzelf tot ieders verbazing tot *wartime president* heeft gekroond, ook een aardig deuntje mee.) 'Maar onze Boris is niet erg goed in het hele churchilliaanse ding,' schrijft George in Wymondham. 'Te veel *Have I Got News for You*. Ja, hij heeft nieuws, een beetje zoals een kleuterleider in een onrustige klas: *Kom op jongens! Hè, stop nou even jongens! Luister jongens, we mikken op een piek van twintigduizend doden, wat, als je een van hen bent, of familie van een van hen, of als je van ze houdt, sowieso twintigduizend te veel is. Maar het is geen astronomisch getal. Niemand gaat rond met een kar en roept: Hier uw doden!*'

Zulke matter-of-fact-relativeringen komen ook terug in Nederlandse kranten; Ira Helsloot, hoogleraar Besturen van Veiligheid aan de Radboud Universiteit, vindt dat de aandacht voor corona alle kenmerken van een hype vertoont. 'We zijn bevangen door paniek. In de hang naar veiligheid offeren we de ratio en menswaardigheid van ons bestaan op. In 2018 stierven 3000 65-plussers meer dan in 2017: er kraaide geen haan naar. Als er deze maanden 3000 mensen of veel meer mede door corona eerder sterven, gaat de vlag halfstok.' De tussenstand: Nederland telt driehonderd officiële coronadoden, al wordt vermoed dat de werkelijke aantallen veel hoger liggen.

Het is moeilijk om te doorgronden of er sprake is van een hype, van een overtrokken politieke reactie, van een collectieve vlaag van verstandsverbijstering, van echo's zonder bron. Volgens degenen in de crisisgebieden niet. Volgens degenen die zich in de periferie van de crisis bevinden wel. Degenen die precies op de grens staan, of denken te staan, mensen zoals George en ik, wij weten het gewoon niet. Uren brengt George door met het kijken naar de boom in zijn tuin, die steeds vaker door vogels wordt bezocht. Die vogels gaan door met hun leven, zij zien er niet zorgelijk uit. '"Ik heb nog nooit een wild beest gezien dat zichzelf zielig vond," schreef D.H. Lawrence ooit,' noteert George in zijn dagboek. 'Maar misschien zal hier eens een oude merel langskomen die ons kan vertellen over zelfmedelijden.'

Geen zelfmedelijden voor Joren, die op stel en sprong terugkeerde uit Las Vegas, verhoging heeft gekregen, en nu rondloopt met een naar kuchje. '*The bug?*' vraag ik per sms.

'Lijkt me wel,' zegt hij. 'Niet getest natuurlijk.' Maar hij laat zich niet kisten. Vanavond eet hij stoofvlees uit de slowcooker.

Evenmin zelfmedelijden voor Lisette in Londen. En dat terwijl ze een raar weekend achter de rug heeft. Haar borstkas stond in de fik, haar temperatuur daalde ineens tot 34 graden. Maar nu, zegt ze, gaat het beter. Ze verveelt zich weer.

Verveling ook bij mijn vriend Giacomo, in Arezzo, die een poging waagt tot het schrijven van een dagboek. 'Vandaag: hetzelfde als gisteren. Gisteren: hetzelfde als eergisteren. Eergisteren: hetzelfde als morgen.' Dan houdt hij ermee op.

Het is middag als M. en ik ons wagen aan wat we een maand geleden nog een wandeling noemden, maar wat dankzij onze premier en minister Grapperhaus nu *een frisse neus halen* heet. Mensen hebben hun surfplank uit de berging gehaald en peddelen door de grachten. Caféuitbaters maken van de gelegenheid gebruik door de boel schoon te maken, te verven en te verbouwen. De stad ruikt naar terpentine. We kopen chocolaatjes en brengen ze naar Stefanie. Op straat hangen grote borden met 'Houd afstand'. Graffitileuzen van de dag: 'Doom', 'Let's burn this Capitalist System down'. Maar ook een oud bord, nog niet weggehaald, met: 'De scholen zijn weer begonnen!' Een foto van een vrolijk lachende jongen op de fiets.

Patrouillerende politiewagens. Vroeger dacht ik van rondrijdende agenten altijd: die gaan ofwel een broodje halen, of komen net terug van een broodje halen. Nu weet ik het zeker: ze patrouilleren.

'Oké,' zeg ik tegen M. 'Hoe gaan we dit volhouden?'

'Gewoon, dag voor dag. Voor dag.'

'Voor dag.'

'Voor dag.'

Op mijn telefoon komt een mail van boekwinkel De Slegte binnen. 'De Slegte; Thuis-blijf-partijen vanaf 5,- Post-apocalyptisch & tuinieren Koken & yoga Muziek & natuur Young Adults & esoterie.' Dat is nu dus een categorie, *post-apocalyptisch & tuinieren*. 'Wat je beschrijft is oorlogsdenken,' zeg ik.

'Je kunt het net zo goed depressiedenken noemen,' antwoordt ze, en ze heeft gelijk. En net als tijdens periodes van depressie, ben ik altijd blij als ik de avond heb gehaald, alsof ik daarmee iets heb gepresteerd, heb doorstaan, of misschien wel overwonnen.

We maken een kletspraatje met Stefanie, zij staat in haar deuropening, M. en ik op de stoep. Weer een politiewagen die voorbijkomt. Volgens mij beseffen we tegelijkertijd dat wij, deze groep van drie mensen, nog net geen samenscholing mogen heten.

Terwijl het kabinet gisteren een verbod heeft ingesteld op 'contactberoepen' gaat elders in Amsterdam, bij Stacy, een Oost-Europese sekswerker die ruim tien jaar in Nederland woont, de telefoon vaker dan ooit. Nieuwe klanten, vaste klanten, klanten van jaren geleden, iedereen belt Stacy. En wat moet ze doen? Ja, ze staat ingeschreven bij de Kamer van Koophandel, maar de financiële steun van de regering is niet voor haar bestemd. En bijstand aanvragen is ook geen optie, omdat haar naturalisatie tot Nederlander dan in gevaar komt, want daarvoor moet je financieel zelfstandig zijn. Dus ja, Stacy neemt afspraken aan. Klanten mochten haar al niet zoenen, maar nu is het ook verboden haar gezicht aan te raken. De afspraken vinden nu niet plaats in een door een rode lantaarn beschenen kamertje, maar thuis, in airbnb's, in hotels. En Stacy is niet de enige. Volgens André van Dorst, directeur van de Vereniging Exploitanten Relaxbedrijven, gaat het om vijf- à zesduizend sekswerkers-met-vergunning die buiten de boot dreigen te vallen. En dan zijn er de vrouwen die zijn gestopt, die een schoonmaakbaan hebben gevonden, maar deze door de crisis zijn verloren, en nu weer op straat staan te wachten, te wenken, te werken. Maar onvergund sekswerk is riskant. Geweld, diefstal, uitbuiting of chantage liggen op de loer. Stacy weet het nu nog niet, maar over een week zal ze in elkaar worden geslagen door een agressieve klant die zijn geld terug wil.

In Peru krijgt Yvonne wel hulp aangeboden door de staat. Een mail van de Nederlandse ambassade: er is een vliegtuig aangevraagd dat van Lima naar Nederland gaat. De kosten voor het ticket zouden voor Yvonne zijn. Maar ze wil niet weg. Gisteren is de moeder van een goede Peruaanse vriendin overleden, niet coronagerelateerd. Hoewel ze al om acht uur 's ochtends een ambulance belden, duurde het tot 17.00 uur voordat de vrouw werd opgehaald, en inmiddels was haar toestand zo verslechterd dat ze binnen enkele uren dood was. De crematie was snel, effectief en onpersoonlijk. Yvonnes katholieke vriendin vond het afschuwelijk, ze kon niet eens een kleine dienst organiseren. Yvonne blijft in Peru, heeft ze besloten. Dat is haar thuis nu. Misschien moet ze ook wat minder Nederlandse kranten lezen.

Afgelopen week stierven 2800 Nederlanders aan iets anders dan corona. As, stof, verdwenen tussen de kieren. Vandaag zijn in Nederland 63 coronapatiënten overleden, 29 meer dan gisteren. En terwijl New York brandt, noteert Wall Street de grootste stijging-op-één-dag sinds 1933. Toon me iemand die de wereld begrijpt en ik toon u een leugenaar.

Woensdag 25 maart (dag 130)

In de krant: een soort samengesteld profiel van de coronadode. Het gaat om een man, hij heeft al andere kwalen (veelal aan het hart) en is ouder dan vijfenzeventig jaar. Hij is, besef ik, mijn vader. Ik zet mijn computer aan om hem een welgemeende hart-onder-de-riem-mail te sturen. Maar op dat moment krijg ik een mail van hem in mijn inbox, dat hij nu al dagenlang aan het ruziën is met het bedrijf dat verantwoordelijk is voor mijn beide balkonsets, hij wil nooit meer te maken hebben met dat stel 'zwakbegaafden'. Waarom weet ik niet, maar ik berg mijn mail op in de conceptmap.

Mijn vader, mijn moeder, mijn vereenzamende grootmoeder, maar ook mijn oudere vrienden – ineens behoren ze tot een risicogroep.

Die middag maak ik mijn middagwandeling met neef Koen. Een paar maanden geleden heeft hij de dienst verlaten, maar in deze crisis mist hij zijn legermaten, vooral hun onvoorwaardelijkheid. 'In Afghanistan keken we elkaar aan en spraken we af: we kunnen elk moment sterven, en daar hebben we geen controle over, misschien zijn we al dood, laten we dat afspreken, we zijn al dood, en dus hoeven we de dood niet meer te vrezen.' Hij mist het om omringd te zijn door mensen die bereid zijn te sterven. 'Hebben we hierom gevochten, hebben we hierom mannen verloren, zodat de mensen hier in hun holletje kruipen bij een virusje?'

'Geen fan van de maatregelen van het kabinet?'

'Belachelijk. Be-la-che-lijk. Zodra de overheid vraagt om je menselijkheid op te offeren om een ramp in de toekomst af te wenden, als je je van je dierbaren afkeert omdat *regeltjes van boven* dat voorschrijven, dan moet je heel erg oppassen. Jij denkt dat ze deze maatregelen zomaar even gaan opheffen? Dit gaat elk jaar terugkomen, bij elk zuchtje tegenwind. Dit is een precedent.' Koen behoort tot een minderheid. Zo'n 80 procent van de Nederlanders is het eens met de maatregelen van Rutte. (Aan de andere kant denkt maar 40 procent van de Nederlanders dat reisbeperkingen en quarantainemaatregelen de verspreiding van het virus kunnen stoppen. Dat percentage ligt in China (61 procent), Canada (59 procent), Italië (57 procent) en Frankrijk (56 procent) veel hoger.)

Ik laat Koens woorden even op me inwerken. Onze menselijkheid?

'Hoe wil je het anders noemen? Kijk ons nou, met onze anderhalve meter, we mogen niet eens contact met elkaar hebben, elkaar geen hand geven, elkaar niet omhelzen. Maar dat is wat ons mens maakt! En waarom, vanwege een *ramp*? Mensen gaan dood, zo werkt het, dat is natuurlijk, bijna alle coronadoden zijn stokoud. De dood is deel van het leven, deal with it.' Het standpunt van mijn neef ligt in lijn met uitspraken die psychiater Damiaan Denys enkele dagen later in een interview zal laten optekenen. Denys: 'Als je *(grote nadruk)* héél utilitaristisch denkt, zou je kunnen zeggen dat we redelijk dwaas bezig zijn. Dit virus is vooral gevaarlijk voor mensen die oud en zwak zijn. Dat is dus een goeie zaak. Het verlost ons van een zwakke bevolking die ziek is en zwaar op de maatschappij weegt. Maar nu zijn we bezig die enkele duizenden te redden ten koste van een jonge generatie die van alle generaties van de afgelopen honderd jaar het minst weerbaar is.'

'Oké, sterven is natuurlijk,' zeg ik tegen mijn neef, 'dat geef ik toe, maar het punt is: je kunt je afvragen of een dood natuurlijk is als we hem kunnen vermijden door een paar weekjes niet naar het strand te gaan. Dit is geen viruscrisis, maar een gezondheidszorgcrisis. Grof gesteld: als er genoeg bedden waren, als er genoeg apparatuur was, genoeg personeel, dan zou het virus wel een probleem zijn maar geen crisis. Dus waarom zouden we die bedden niet zo leeg mogelijk houden?'

'En ten koste waarvan? Welke offers brengen we? Kijk om je heen. Borden die ons zeggen wat te doen, politiewagens, dikke boetes. Dit is een geheel nieuwe samenleving. En laat me je één ding vertellen: dit is niet de samenleving waarvoor we hebben gevochten.'

Ten koste waarvan? Dat is de vraag.

Ira Helsloot zegt dat onze levens misschien wel nog nooit zo duur zijn geweest als vandaag. De gebruikelijke norm van tachtigduizend euro per gewonnen levensjaar, berekend met de zogenaamde qaly-methode (quality-adjusted life year; de verwachte levensjaren worden vermenigvuldigd met factor 1 als mensen volkomen gezond zijn, en voor elk gebrek gaan er tienden van procenten af; voor overspannenheid is dat bijvoorbeeld 0,1, voor een mobiliteitsgebrek 0,2, voor vernauwde bloedvaten 0,4 en voor kanker 0,6) is dat tijdens de coronacrisis 80 miljoen; 100 keer zoveel dus. Op basis van onderzoeken in Italië heeft Helsloot berekend dat de meeste mensen die aan corona sterven gemiddeld tachtig zijn en zonder de ziekte nog één jaar te leven hadden omdat ze vrijwel allemaal ook leden aan een andere kwaal. 'Het is een politieke keuze,' zegt Helsloot, 'maar dan moet je daar ultiem transparant over zijn: dat je honderd andere levensjaren niet wil redden ten faveure van de levensjaren van één coronaslachtoffer.'

'En als oma doodgaat door corona?' vraag ik Koen.

'Dan denk ik: naar, maar ze heeft een goed leven gehad, en ze is zesennegentig. De struik wordt uitgeschud, meer niet.'

'Je klinkt als een sociaal darwinist.'

'Ik klink als een soldaat.'

'Weet je met wie je eens zou moeten praten? Jullie zouden het goed kunnen vinden.'

Hij pakt zijn telefoon.

'Heinrich, heet hij. Heinrich Himmler.'

Ennn hij stopt zijn telefoon weer weg.

We komen Daan tegen, droomdaan, die met latex handschoentjes A4'tjes aan het bezorgen is over hun buurvrouw, Dien. Een foto van een bijna voorwereldlijk oude vrouw met een taart in haar handen, twee kaarsjes, twee negens. Morgen zal het lichaam van Dien langs haar huis worden gereden, mensen worden aangemoedigd om vanachter hun raam een laatste groet te brengen. 'Ik zal er zijn,' zeg ik, terwijl ik een velletje aanneem.

Koen en ik lopen verder. 'Negenennegentig,' mompelt hij.

'Dood,' mompel ik terug.

'In de knop gebroken.'

Ik zeg niks terug.

'Negenennegentig lentes jong.'

Niks.

'Een puppy nog.'

Een man met een bezem stapt op me af. 'Deze bezem is precies anderhalve meter lang,' zegt hij. 'Dit is de juiste afstand. Dit dus. Precies anderhalve meter. Waarom zeg jij niks terug? Ben je soms een toerist?'

'Ik zeg niks terug omdat een wildvreemde man met een bezem tegen mijn borst prikt.'

We lopen verder.

Midden op straat blijven we staan. 'Doe het,' zegt Koen.

'Omhels me. We kennen elkaar al ons hele leven. We omhelzen elkaar al vierendertig jaar. Omhels me.'

'Ik weet niet, hoor.'

'Omhels me!'

Ik doe een paar stapjes in zijn richting, hij komt op me af en omhelst me stevig. 'Gefeliciteerd,' zegt hij dan. 'You are now part of the Rebel Alliance.'

Op de lantaarnpaal op mijn straathoek hangt een oproep. Een foto van een man die Heinrich Enns heet, zo te zien een dertiger. Heinrich is zoek. De tekst: 'Last seen March 11 at Amsterdam VUmc University Medical Center. PLEASE CALL US.' Mijn notitieboekje raakt voller en voller. Maar wat ik van al die verhalen moet maken, weet ik nog steeds niet.

Dimitri Verhulst noteert welke schrijvers allemaal níét hebben geschreven over de grote ziekte van hun tijd. F. Scott Fitzgerald bijvoorbeeld, terwijl hij zich in een fraai hotel aan de Franse Rivièra verstopte voor de Spaanse griep. 'Fitzgerald had tbc. De dood was al langer een dagelijkse metgezel. Kon hem de griep nog schelen. Er was pellagra, er was rachitis. Er was scheurbuik en er was struma. Ooit waren er mensen die wisten wat dit was.' Hemingway had een vriendin die ten tijde van de Spaanse griep in Italië werkte als verpleegster. Geen woord erover, in zijn gehele oeuvre. Schrijver William Carlos Williams werkte als arts tijdens de pandemie. Hij schreef evenmin over ziekte. 'John Don Passos had zelf de Spaanse griep opgelopen. Waar is die griep in zijn oeuvre? En mijn goede vriend T.S. Eliot had de Spaanse griep aan zijn broek, samen met zijn vrouw Vivien. Althans niet al te letterlijk heeft hij over dit gemene virus geschreven, maar volgens de dame die daar onderzoek naar heeft verricht, Laura Spinney, zou *The Waste Land* kunnen verwijzen naar het lege Londen ten tijde van de lockdown. Er is nu al meer geschreven over corona dan ooit over de Spaanse griep,' schrijft Verhulst. 'Waarschijnlijk omdat we eindelijk eens iets meemaken, wij witte Europeaantjes met onze welstand, onze levensverwachting.'

Ja, die levensverwachting, hoe gaat het daar nu mee? De profeten van het RIVM zeggen dat de curve afvlakt, dat het de goede kant op gaat, dat er een positieve trend zichtbaar is, maar ze zeggen het zo voorzichtig, zo ingekapseld, zo gecodeerd en zo genuanceerd, dat het neerkomt op gefluister, misschien wel op een gebed. Ondertussen raken de ic-bedden vol. In 975 van de beschikbare 1050 bedden liggen nu coronapatiënten. 'De zorg staat onder druk', heet dat dan. Maar wat het is: een ziek iemand die niet weet of hem of haar een bed vergund is.

Die avond blijkt dat prins Charles corona heeft. Een man of the people after all.

Donderdag 26 maart (dag 131)

Tegen het middaguur, een paar uur nadat Lisette in Londen tot haar grote vreugde haar smaak- en reukvermogen heeft teruggekregen, wordt Mano uit zijn huis gezet.

Mano's ramen zijn afgeplakt met kranten, twee agenten kijken toe hoe hij zijn spullen pakt, mensen steken hun hoofd naar buiten of zitten in het raam; eindelijk iets te zien in de straat. Hier woonde hij anderhalf jaar, met zijn muze Iris. Ze leerden elkaar een jaar eerder kennen, op een pleintje in Amsterdam, waar Iris met haar vriendje zat. Mano wilde een gedicht voordragen, tot genoegen van Iris, tot ongenoegen van die vriend. Toen ze naar huis liepen, zei het vriendje tegen haar: 'Ik zag je wel kijken, nigger lover.' Ze maakte het diezelfde dag nog uit, en een halfjaar later kwamen Mano en Iris elkaar weer tegen. 'The rest is history,' zegt Mano. Iris herinnert zich nog dat het regende die dag, kleine druppeltjes, op haar tintelende huid. Zodra Mano me ziet, pakt hij zijn rolkoffer, alsof hij op mij heeft gewacht. 'Een jaar geleden zou ik me keihard hebben verzet, maar in deze tijden zijn het helden, onze agenten, ik kan ze niks kwalijk nemen.'

We staan met z'n vijven op de stoep, twee daklozen, twee agenten en een zelfbenoemd notulist. (Begin van een slechte mop.) 'Is dit wat tegenwoordig moet doorgaan voor een ontruiming?' vraag ik de agent, wijkagent Tom, die in een aflevering van *Baantjer* omschreven zou worden als een oude rot in het vak.

'Hij en wij hebben geen problemen, dus ja, waarom zou het niet beleefd kunnen gaan?'

Waarom wordt hij eigenlijk uitgezet?

'Meer daklozen willen een woning,' zegt Tom. 'Deze man heeft zijn kans gehad.'

Is het niet wreed om hem tijdens deze crisis op straat te zetten? Waar moet hij heen?

Tom: 'Hij wordt al gematst. Eigenlijk heeft hij hier onrechtmatig gezeten, we zouden hem kunnen oppakken, maar in coronatijden beperken we ons tot de noodzakelijke arresten.'

Hoe is dat eigenlijk, om nu agent te zijn?

'Vreemd,' zegt Tom. 'Het merendeel van de mensen ziet ons in een heel positief licht, wat ook weleens leuk is, maar we moeten ook extra waakzaam zijn, omdat besmette mensen ons soms aanvallen, ze bespugen ons of hoesten ons gezicht vol. Laatst hebben twee mensen hier tien weken cel daarvoor gekregen, snelrecht. Ach ja, in de jaren tachtig, tijdens de aidsepidemie, vielen ze ons aan met naalden. Dan liever dit.'

'Is dit nu een samenscholing?' vraagt Iris na een tijdje.

We doen alle vijf een stap naar achteren.

Iris kijkt naar de gezichten die uit de ramen steken, tot voor kort haar buren: 'Razzia in de Jordaan!' roept ze.

Ik: 'Dat was echt iets anders.'

Zij: 'Maar dit is ook kut.'

Mano: 'Ach, het is goed zo. Ik heb mijn poëzie en mijn meisje. We gaan de grote vrijheid tegemoet.'

Mano, Iris en ik lopen naar een koffiezaakje. Op de toonbank ligt een krant, met daarin een artikel van een millennial die zichzelf als *de* millennial ziet, en de millennial kennelijk als de archetypische mens, en dientengevolge al haar empathische vermogen inzet voor het balen dat de horeca dicht is en de yogalesjes worden afgelast. Aan het slot van Camus' *De pest* zit dr. Bernard Rieux, die de vernietigende plaag die zijn Algerijnse dorp heeft getroffen overleefde, in een gesticht. 's Nachts, omringd door de stilte van het slaperige stadje, zet hij de radio aan. 'En vanuit alle verre uithoeken van de wereld, langs duizenden kilometers aan land en zee, probeerden goedbedoelende sprekers op vriendelijke wijze stem te geven aan hun compassie, en dat deden ze ook, maar tegelijkertijd bewezen ze het totale onvermogen van elk mens om werkelijk te delen in lijden dat hij niet kan zien.' Ik ben er niet bang voor dat we onvermogend zijn ons te verbinden met leed dat we niet kunnen zien. Ik ben er bang voor dat de meesten van ons, als puntje bij paaltje komt, zullen wegkijken.

Ik geef Iris en Mano hun koffietjes. Tevreden, oprecht tevreden, gaan ze op een bankje zitten, naast een vrouw die met haar nordic walking-stok de afstand tot hen bewaart, ze draagt een sportieve jekker en heeft een kort, kwiek kapsel. 'Niet te dichtbij, hoor,' zegt ze tegen Mano.

'Ik zou niet durven, mevrouw,' zegt hij.

Dan nemen we afscheid, op afstand. Daar gaan ze, die grote vrijheid tegemoet.

Mooi, zo'n poëtische inslag, en die wens ik hem van harte toe, maar ik kan toch niet anders dan zorgelijk, soms zelfs vol afschuw, kijken naar het oermechanisme dat in westerse samenlevingen als reactie op de crisis in werking is getreden. Het is hetzelfde mechanisme dat in de natuur geldt, dat gold toen we voor het eerst uit de rivier glibberden, toen we rechtop gingen lopen, toen we het vuur ontdekten: alleen de sterksten blijven in leven.

Dankzij de coronacrisis hebben drie miljoen New Yorkers hun baan verloren, een veelvoud van het aantal mensen wie tijdens de bankencrisis hetzelfde overkwam. Hier in Nederland zijn vooral zzp'ers de klos, al worden *wij* dan nog tegemoet getreden met tijdelijke regelingen als de onlangs in het leven geroepen Tozo, de Tijdelijke overbruggingsregeling zelfstandig ondernemers; drie maanden waarin het inkomen met gemeentegeld naar het sociale minimum wordt gebracht. (In Denemarken krijgen bedrijven 90 procent van hun salariskosten vergoed door de overheid, en in Groot-Brittannië is aangekondigd dat 80 procent van de salarissen zal worden bijgepast. Allemaal sociale maatregelen bedoeld om mensen niet kopjeonder te laten gaan, en de economie waar mogelijk intact te laten.) Maar ook met dat sociale Nederlandse minimum is het niet eenvoudig rond te komen, met als gevolg dat zzp'ers zich vaak gedwongen zien bezittingen te verpanden, vooral gouden sieraden. Voor goud wordt in crisistijden altijd grif betaald. Gisteren zag ik iemand lopen die een trui droeg met het opschrift 'IN GOLD WE TRUST'.

In de VS en de neokapitalistische nexus New York zijn zulke dempende regelingen zeldzamer, en bevatten de vangnetten grote mazen. Dus vindt er een slachting plaats, de hustlers en bustlers, de ritselaars en sjacheraars, de kleine zelfstandigen, de touwtjes-aan-elkaar-knopenmensen, de paycheck-to-paycheck-mensen, ze zitten allemaal zonder werk, zonder serieuze ondersteuning, zonder toekomstbeeld. De Italiaanse filosoof Paolo Virno waarschuwde ons jaren geleden al dat er, in plaats van het proletariaat dat vroege westerse economieën draaiende hield, een groeiend precariaat is ontstaan: een reservoir aan mensen zonder financiële zekerheid, die geen hypotheek kunnen krijgen en die vaak niet eens weten of ze de huur van volgende maand kunnen betalen. Dat weten ze nu wel. Het antwoord is nee.

De winnaars van deze ronde van het spel? Een aantal grote bedrijven, zegt Naomi Klein, die later vandaag een onlineseminar houdt, vanuit een kamer in haar huis, haar zoontje komt langsgelopen, een blij kind in een gestreepte trui, en haar hond Smoke gaat even op haar schoot zitten. Klein ziet met lede ogen aan hoe een aantal grote bedrijven de crisis aangrijpt om hun 'pre-existing wish list' werkelijkheid te maken. Wat politici al tientallen jaren doen, zo heeft Klein geïllustreerd in haar standaardwerk *The Shock Doctrine*, doen grote bedrijven nu: ze maken gebruik van de kansen die de crisis hun biedt, en door in deze tijden van chaos het hoofd koel te houden, maken ze het leed van anderen te gelde voor zichzelf. Dat gebeurt vooral in de VS, waar Trump wordt bijgestaan door zijn *disaster cabinet*, vol lieden die eerdere crises op ongeëvenaarde wijze naar hun hand wisten te zetten. Zoals vicepresident Mike Pence, feitelijk de architect van de uitbuiting van de slachtoffers van Hurricane Katrina, en minister van Financiën Steven Mnuchin, bijgenaamd *the foreclosure king*, vanwege het grote aantal huisontzettingen (ongeveer 36 000) dat onder zijn auspiciën als mede-eigenaar van de IndyMac-bank plaatsvond in Californië. Het leverde hem persoonlijk naar schatting tweehonderd miljoen dollar op. In periodes van crisis versnellen economische trends zich. Waar we normaal kleine pasjes doen richting een Silicon Valley-achtige dystopie, valt Klein op, zetten we nu ineens reuzenstappen. Die dystopie draait om een minimum aan onderling fysiek contact, een maximale blootstelling (via internet) aan commerciële diensten, een overschot aan tijd, een grote behoefte aan escapisme. Tel daarbij de uitschakeling van de meeste concurrenten op, en je hebt de optimale omstandigheden voor Jeff Bezos en zijn Amazon om een financiële hegemonie te consolideren die nog decennia zal duren.

Hegemonie betekent: één winnaar, miljoenen verliezers.

Het is niet verwonderlijk dat daklozen het in deze onbarmhartige tijden zwaar hebben. Vandaag is het Leger des Heils een nieuwe campagne gestart: *Thuisblijven, hoe dan?!* Daklozen, meestal niet blakend van gezondheid, worden momenteel noodgedwongen in één grote ruimte opgevangen, de gebruikelijke locaties zijn overvol en de doorstroom naar zelfstandige woningen is gestokt. Dus zwerven ze over straat, terwijl de rest van ons met een nog grotere boog om hen heen loopt dan normaal. Eergisteren hebben vijf supervisors in San Francisco plannen aangekondigd om de 33 000 vacante hotelkamers die de stad nu telt open te stellen voor daklozen. Een van hen, Matt Haney, stelde dat het even gevaarlijk als roekeloos is om duizenden mensen in de straten van San Francisco te laten rondzwerven, of te laten samenkomen in opvanghuizen waar het virus zich razendsnel kan verspreiden. Hotels dus. Lakens van Egyptisch katoen, overvolle minibars, laat de zwervers voor heel even schatrijk zijn.

'Stel je een zwerver voor,' schrijft Janneke in haar dagboek. 'Jij bent het. Je zwerft door Santa Monica. Komt bij een pub. Jouw pub. Dicht. Ziet papiertje hangen. Je gluurt naar binnen. Ruikt het verschaalde bier door het sleutelgat, ziet de danseressen met veren in hun reet. Je gaat naar de markt, dat is ver lopen met deze schoenen, twintig minuten van het park waar je normaal slaapt, eenentwintig minuten van de pub. Je vindt een sinaasappel die van de kar is gevallen en probeert die met je nagels met aarde eronder open te krabben. Je hapt de schil eraf en spuugt 'm uit. Eet het vruchtvlees, drinkt het sap. Op dag vier van de quarantaine lees je het briefje: "Door corona zijn wij de komende twee weken gesloten. Liefs, Trish." Corona? Is dat een defect in de leidingen? Je klopt steeds harder op de deur.'

Een ander groot probleem, of eigenlijk een potentiële catastrofe, wacht op ons in de vluchtelingenkampen. Op de Griekse eilanden, die officieel ruimte bieden aan 6000 mensen, bevinden zich nu ruim 42 000 asielzoekers. En de hulpverleners zijn voor een groot deel naar huis gehaald. 'We hadden laatst een vergadering over het coronavirus met de overgebleven hulpverleners,' zegt Steven van de Vijver, tropenarts bij Stichting Bootvluchteling. 'Dan heb je het echt over een handjevol mensen in een huiskamer.' Wereldwijd verblijven miljoenen mensen in uitpuilende kampen, van Bangladesh tot aan Kenia.

En in Amerika roept Trump doodleuk dat het land klaar is om weer aan de slag te gaan, dat de crisis al bijna bezworen is, dat hij hoopt dat de kerken met Pasen weer vol zitten. (Gelukkig heeft hij zijn gewoonte om voortdurend te benadrukken dat het hier om een *Chinees* (of soms *Aziatisch*) virus gaat laten varen, vermoedelijk omdat hij beseft dat hij voor het bestrijden van deze crisis afhankelijk is van Chinese expertise en Chinees geld.) En de Trump van Brazilië, Jair Bolsonaro, maakt het nog bonter door te stellen dat mensen nu al terug moeten keren naar het gewone leven. 'Als ik besmet zou raken,' zegt hij verder, 'dan zou ik vanwege mijn achtergrond als atleet hoogstens de symptomen hebben van een griepje.' President Aleksandr Loekasjenko, van Wit-Rusland, beroept zich evenzeer op zijn sportieve achtergrond. Hij doet de bezorgdheid over het virus af als 'psychotisch' en noemt als mogelijke remedies: wodka drinken, naar de sauna gaan of werken met een tractor. Woorden voor de getroffen, de rouwenden, de doden? Nee, sorry, die stonden niet in het draaiboek.

In Zoetermeer wordt oud-postbode Dick van der Ploeg begraven, vijf dagen nadat hij in het ziekenhuis was opgenomen en nog een kletspraatje met de verpleegster had gemaakt. Zijn dochters zijn erbij, met hun echtgenoten. Meer mensen zijn niet toegestaan. Tijdens de begrafenis moeten ze afstand houden van de kist, vanwege de dragers. De komende dagen, weken, misschien wel jaren, zal de familie van Dick zichzelf geselen met de vraag: was ik het, die hem heeft besmet?

Zojuist heeft Myrthe (32, Breda) gehoord dat haar vierenzestigjarige vader is uitbehandeld. Slokdarmkanker, met uitzaaiingen in de lever. Het is onduidelijk hoelang hij nog heeft. Wat wel duidelijk is: dat het afscheid nemen moet beginnen. Maar hoe ziet dat afscheid eruit? Haar broertje doet de boodschappen en drinkt er af en toe een kop koffie, haar zus gaat soms langs met haar tweejarige zoontje.

Natuurlijk wil Myrthe niets liever dan haar vader knuffelen, hem aanraken, hem ruiken.

Soortgelijke gedachten overvallen socioloog Bart (71). Bart bekijkt de wereld graag van een afstandje, hij zoomt uit. Hij behoorde altijd tot de mensen die dachten dat het, sociologisch-historisch gezien, eigenlijk onbegrijpelijk goed ging met de mensen, ondanks al die dreigende milieurampen, ondanks Trump, ondanks Brexit; hij noemde de wereld een *Fool's Paradise*. Maar sinds corona vindt Bart het lastiger om uit te zoomen. Vijf jaar geleden kreeg hij te horen dat hij alvleesklierkanker had. Eerst onderging hij een zware operatie, daarna kreeg hij een zware chemokuur voorgeschreven. De kuur sloeg aan, jaren in de luwte volgden, vol geluk dat misschien niet gestolen was, maar wel geleend. Toen volgde een jaar geleden het ultieme slechtnieuwsgesprek, tussen Bart en zijn artsen, die hem vertelden dat hij geen enkele hoop meer moest koesteren, hij was stervende. Vanaf dat moment is Bart aan het rekken geweest, en dat gaat hem wonderwel goed af, elke keer dat de kanker hem in het nauw duwde, danste hij weg. Hij hoopt erg dat zijn dansvoetjes hem niet in de steek laten. Een paar maanden geleden ging hij langs bij een uitvaartorganisatie. Zijn vrouw en hij keken bij een begraafplaats, daar, aan dat laantje, een plekje aan het water. Als hij begrafenissen van vrienden bezocht, maakte hij in gedachten notities. *Welke muziek is gekozen? De Goldberg-variaties of John Coltrane? En wat wil ik eigenlijk?* Maar sinds corona vreest Bart dat een mooie uitvaart, waarbij mensen elkaar in de ogen kijken, elkaar omhelzen, samen lachen en vloeken, hem niet vergund is. Hij heeft begrafenissen altijd belangrijk gevonden, ze hielpen hem met zijn verdriet, markeerden zowel het einde van het leven als het begin van de dood. Hoe kan hij afscheid nemen, als iedereen binnen zit? En hoe kunnen anderen ooit afscheid van hem nemen, als hij geruisloos vertrekt?

'De universele fantasie omringd door je geliefden te sterven en door de gemeenschap met gepaste eer naar je graf gebracht te worden, is doorboord,' schrijft Sarah Sluimer in haar dagboek. 'De geruststellende beloning voor een lang leven waarin je zorgt, liefhebt, werkt, blijft uit. Als nabestaande moet je de troost van de groep nu even missen. Dat is geen bijzaak in deze crisis. Dat is een trauma voor onze samenleving.'

Als er iemand meer weet van de ellende die de rest van de wereld aan corona ondervindt, is het Michiel (66), tropenarts en health advisor bij het Nederlandse hoofdkantoor van Artsen zonder Grenzen te Amsterdam. Michiel heeft zijn vaste ritme gehouden in de chaos. Om halfzes in de ochtend staat hij op. Hij maakt koffie met suiker en klapt zijn laptop open. Twee weken geleden deed de Nederlandse regering, voor het eerst in de vaderlandse geschiedenis, een beroep op Artsen zonder Grenzen. Er was een acuut tekort aan mondkapjes in Noord-Brabant en Zuid-Limburg en er werden tropenartsen gevraagd om te helpen bij de triage. Natuurlijk, als het echt moest zou Michiel zich aanmelden, maar zijn prioriteit lag bij landen waar nauwelijks medische voorzieningen zijn. Zijn laptopscherm is Michiels venster op de wereld. Er is altijd wel een land wakker, India vroeg in de ochtend, Haïti laat in de avond. Steeds nieuwe problemen door de coronamaatregelen. De schaarste aan Personal Protective Equipment (PPE) op de wereldmarkt. De stokkende aanvoer van medicijnen, tegen malaria bijvoorbeeld, als gevolg van vlucht- en transportrestricties. 'Hoeveel ic-bedden heeft Haïti eigenlijk?' vroeg zijn vrouw Caroline gisteren. 'Hooguit twintig,' antwoordde Michiel, 'privéklinieken meegerekend.' Het land heeft circa 11 miljoen inwoners. Veel projecten, met pijn en moeite opgestart maar uiteindelijk goed geworteld en tot groei gebracht, komen nu in grote problemen. De landen waar Artsen zonder Grenzen actief is, bevinden zich nog maar in de beginfase van de epidemie. De streng gehandhaafde lockdowns werken vaak averechts in gebieden waar mensen met z'n zessen of achten op een paar vierkante meter wonen, onder die omstandigheden is het onmogelijk de cruciale anderhalve meter afstand in acht te nemen. Het zal een doemscenario van sterk versnelde verspreiding van het virus in gang zetten. Michiel is een standvastig iemand, nuchter, niet makkelijk van zijn stuk te brengen. Toen hij daags na de tsunami in 2004 in een met hulpgoederen gevulde Toepolev naar Atjeh vertrok, bleef hij rustig. Als een project plotseling verlaten moest worden omdat het onder vuur werd genomen bleef hij dat evenzeer. 'Ik kijk naar wat wél lukt,' zei hij dan. Nu maakt hij zich ernstige zorgen – wat blijft er over van zijn projecten? Corona maakt zoveel kapot. Maar Michiel doet wat hij kan. Hij staat om halfzes op, maakt koffie met suiker en klapt zijn laptop open.

Maar de ellende voor de een is een verdienmodel voor de ander. Rond vier uur rijdt Mea, bakker van de beste wentelteefjes ter wereld én documentairemaker, naar een loods in een bos nabij de Veluwe, waar het Rode Kruis bezig is met wat zij 'een operatie' noemen; zo'n tien, twaalf medewerkers die mondkapjes, handschoenen en handgel controleren, gedoneerde dozen, bestemd voor ziekenhuizen. In de dozen briefjes met opbeurende teksten: 'Ga zo door!' en 'Samen komen we eruit!' Waarom is het een operatie? Omdat al deze producten een klein fortuin waard zijn op de zwarte markt. Vandaar de afgezonderde locatie, vandaar de geheimzinnigheid, vandaar de ingehuurde beveiligers die de omgeving zo strak in de gaten houden. En Mea, die haar camera uitpakt om te gaan filmen, denkt bij zichzelf: zo ziet oorlog eruit, als the upside down, niet zomaar als een andere werkelijkheid, maar als een omgedraaide werkelijkheid, waar het Rode Kruis beveiligers inhuurt en waar mondkapjes het nieuwe goud zijn. Als Mea en haar cameraman terugrijden naar de stad, over een verlaten snelweg, en zich links van hen een onwerkelijk mooie zonsondergang ontvouwt, zegt de cameraman dat dit misschien wel de enige keer in hun leven is dat ze een heldere hemel, zonder ook maar één vliegtuigstreep, zullen zien.

Misschien kijken George en Clarissa tijdens hun wandeling door Wymondham, langs het verlaten voetbalveld, ook wel naar de zonsondergang. Een man met een hond aan de lijn groet hen: 'Keep you well', Norfolk-syntax. De supermarkt is behoorlijk leeg, de delicatessenzaak stapelt juist nieuwe waar op. Het is een spookstadje vol vrolijke spoken, denkt George bij zichzelf. Die avond krijgt hij bericht van een bevriende dichter in India. Door de lockdown kan ze niet bij de medicijnen die ze hard nodig heeft. Eergisteren vroeg de Britse regering om hulp van het volk, er waren 250 000 vrijwilligers nodig. Een dag later hadden zich een half miljoen mensen opgegeven. Een half miljoen mensen die zich het recht hebben verworven om later tegen hun kinderen en kleinkinderen te zeggen: ook ik voer in een bootje naar Duinkerken.

Iets naar het noorden, in Schotland, laten duizenden doedelzakspelers, beroeps en amateur, hun schorre, tragische, onverschrokken geluid, dat in de loop der Schotse geschiedenis honderdduizenden landgenoten heeft gesteund of herdacht, door de straten van Glasgow schallen. Het is acht uur in de avond en het lijkt alsof de stad kermt.

Wat meer naar het westen, in Ierland, krijgt Nathalie van haar huisarts te horen dat ze het heeft. Tot haar verbazing is ze opgelucht. Ze is tenminste geen *drain on supplies and time* geweest, haar klachten zijn legitiem gebleken.

Ter vergelijking: in Melbourne wordt sterrenkundige Daniel Reardon (27) opgenomen in het ziekenhuis. Nee, hij heeft geen corona. Hij was bezig een ketting te construeren die zou gaan piepen als je je gezicht aanraakte. Nuttig, misschien, voor iemand, ergens. Helaas maakte Daniel het tegenovergestelde van wat hij beoogde: een magnetische ketting die voortdurend piepte, tenzij je met je hand bij je gezicht in de buurt kwam. Dus bedacht hij iets nieuws: wat als hij de magneten nu in zijn neusgaten stopte? Uiteraard trokken de magneten elkaar aan, wat zijn neus dichtklemde. Hij begon te googelen en stuitte op een artikel dat een oplossing bood: meer magneten. Lang verhaal kort: Daniel speelde het klaar om de magneten steeds iets verder in zijn neusgaten te manoeuvreren, totdat het moeilijk was geworden adem te halen. 'Een kwetsuur die het gevolg is van zelfquarantaine en verveling,' noteren de doktoren, wanneer ze de magneten uiteindelijk uit Daniels neus hebben verwijderd.

In een poging om te ontsnappen aan het gebruikelijke ritme van de dag, dat wordt bepaald door ernstige stemmen en dreigende voorspellingen, besluiten mijn broertje Thomas en ik om de overblijfselen van de spacecake soldaat te maken. Het is lang wachten op de effecten. Ik lees op mijn telefoon dat een van de eerste bedrijfjes in Nederland die dankzij corona op de fles zijn gegaan, in M.'s geboortestad gehuisvest is. Restaurant Kip van 't Spit, in Oldenzaal. 'Ach nee,' zegt ze.

'Kende je het?'

'Het was een begrip.'

'Kende je het?'

'Eigenlijk niet.'

Iets later betrapt M. me in de keuken met een mond vol tomaatjes. 'Hé,' zegt ze. 'Die zijn voor de stoof.'

'De stoof? Wie zijn wij geworden?' vraag ik haar terug.

Thomas praat tegen de onlinefunctie van mijn PlayStation. 'Niemand is online. Ben ik eigenlijk online? Besta ik überhaupt nog wel?'

Het is middernacht. In een ziekenhuis nabij Utrecht gaat de telefoon, anesthesist Niki (33) neemt op. Een man, thuis aangetroffen, buiten bewustzijn. In de ambulance wordt hem zuurstof toegediend, 15 liter, de maximale hoeveelheid. Maar zijn rode bloedlichaampjes blijven zuurstofarm; een saturatie van maar 75 procent, wat lijkt te wijzen op corona. De man heeft al een week klachten, en ook dat is consistent met het ziektebeeld: mensen ontwikkelen klachten en bereiken dan tussen dag 7 en 9 van hun klachten een kritiek punt: ze worden of snel beter, of belanden in een vrije val. Deze man bevindt zich op dag 8. Hij oogt nog kwiek, je kunt met hem praten, al is zijn ademhaling gejaagd. Dat kan schijn zijn, weet Niki. Veel coronapatiënten zien er eigenlijk best redelijk uit, hun ademhaling is in orde, ze liggen vaak rustig te slapen. Onder die façade van een functionerend lichaam, in het bloed, kan zich een heel ander beeld openbaren. Dat bloed bevat dan te weinig zuurstof. De longen blijven verstoken van lucht. Zo gaan de meesten dood, aan hypoxie. Nadat ze op de longfoto een dubbele ontsteking heeft gezien, hoeft Niki de coronatest eigenlijk niet af te wachten; de man moet zo snel mogelijk naar de ic. Hoewel Niki hier al jaren werkt, moet ze dezer dagen haar best doen niet te verdwalen; sinds de coronacrisis zijn er nieuwe deuren gebouwd, nieuwe gangen aangelegd, nieuwe sluizen gemaakt, de looproutes zijn veranderd. Met behulp van een oudere ic-arts intubeert Niki de man, een complex proces, waarbij besmetting voortdurend op de loer ligt. Nadat Niki en de ic-arts zich in het zweet hebben gewerkt – want wat is het héét in die pakken – komen ze op adem naast de isolatiekamer, uitkijkend op het raam waarachter de inmiddels in slaap gebrachte man ligt.

'Ze worden niet beter, hè?' vraagt de ic-arts.

'Nee,' antwoordt Niki. 'Ze worden niet beter.' Ze pakt de lijsten erbij.

'Zijn er al mensen ontslagen?'

'Eigenlijk niet.'

'Goed. Niki. Ik wil het bij dezen even gezegd hebben: als het zover komt, dan hoef je mij niet te intuberen. Ik wil dit niet.'

Als mensen haar vragen hoe het is, *in de frontlinie*, weet ze niet goed wat te zeggen. Het is anders dan jullie denken, wil ze zeggen. Het is geen pandemonium, het is geen oorlogsgebied, het is niet de hel van Dante. Het probleem is niet dat er hordes zieken bij komen, het probleem is dat er niemand weggaat. Hoe uit te leggen dat de werkelijkheid niet lijkt op de piek waarover wordt gesproken in het nieuws, maar op een dal, een langgerekt dal.

Vrijdag 27 maart (dag 132)

Fel licht, witgoud, als ik de gordijnen opentrek. Another sunny day in hell. De duiven, voor het eerst sinds mensenheugenis als soort gezonder dan wij, kibbelen in de goot, tikjes tegen het zink. In bed lees ik een bericht van mijn vader, die de mail waarin hij de mensen van het balkonsetbedrijf 'zwakbegaafden' noemde onfortuinlijk genoeg ook naar de zwakbegaafden in kwestie heeft gestuurd, waarna hij toch een ietwat beduusde chef aan de lijn kreeg. Wat volgt wordt door mijn vader omschreven als een gesprek tussen twee mensen die elkaar weinig meer te bieden hebben. Tegen het einde van de ochtend hoor ik een fietsbel op straat, het is Loes, met Rosa en Bibi voor in de bak. Rosa omklemt een gouden skippybal, net gekocht, ze gaan naar het park om te skippy'en, roept Bibi tevreden. Ze zwaaien hartelijk en rijden verder. Wat kan de wereld een fijne plek zijn, als je een gouden skippybal hebt.

In Rotterdam verlaat Elfie na enkele dagen van quarantaine haar huis. Nu al een dag kan ze aan weinig anders denken dan aan patat, knapperige, volvette, hete, zoute patat. (En haar ex had de frituurpan meegenomen, dus ja.) Haar favoriete patatbakker is dicht. De lunchroom ook. Elfie loopt en loopt, een eenzame strooptocht. Maar bij de derde patatzaak heeft ze geluk. De deuropening is gebarricadeerd, een provisorische balie geïnstalleerd, je kunt je bestelling roepen en dan betalen. Elfie vindt een plekje in de zon, in een straat waar niemand komt, en ze vreet haar puntzak leeg, volmaakt gelukkig, eventjes.

Om twee uur 's middags lopen M. en ik naar de Jordaan, waar het negenennegentig jaar oude lichaam van Dien nog eenmaal langs haar geliefde huisje zal worden gereden. Daan heeft een papiertje op een stoel geplakt. 'Svp even omrijden, uitvaart.' Zo'n vijfentwintig mensen staan buiten, misschien op anderhalve meter van elkaar, misschien net niet. Ik schrik van mijn smetvreesachtige reflex: is zoiets wel veilig, wel hygiënisch?

Het is een grijze lijkwagen, Mercedes, van het bedrijf PC Uitvaart. Achterin boeketten van pioenrozen. De wagen stopt voor Diens huis. Een man gaat achter een keyboard zitten, orgelstand. Een vrouw begint te zingen, 'Somewhere over the Rainbow', de hoge uithalen, omgeven door een stilte zoals die al jaren niet meer op straat te vinden is, weerkaatsen tegen de bakstenen huizen van wat ooit een volksbuurt was, en weer even is. De vijfentwintig mensen staan nu kriskras door elkaar, nog altijd op ongeveer anderhalve meter van elkaar vandaan, ze staan op straat en op de stoep, als figuranten in een Griekse tragedie. Een vrolijke peuter dribbelt achter de wagen aan en wordt net op tijd tegengehouden door de moeder. Achter de wagen: een lint van auto's die met Dien meerijden tot het crematorium, dan maken ze rechtsomkeert. Een uitvaartdienst is er niet, maar op deze manier is Dien geen moment helemaal alleen.

De menigte valt uiteen als er een wagen van de gemeente langskomt, afdeling handhaving. 'Zoiets bestaat helemaal niet in New York,' zegt M. 'Zo'n gemeenschap. Daar vallen mensen, en niemand die ze opvangt.' Na China en Europa is de VS nu het centrum geworden van de pandemie. Tot nu toe 83 000 besmettingen, meer dan in China en Italië.

New York zet zich schrap, ziet David (65), wetenschapsfilosoof (gespecialiseerd in de kwantummechanica) en ras-New Yorker, als hij naar buiten staart vanuit zijn appartement aan de Upper West Side. Iedereen wacht op de golf, op de 'peak' die hen zal meevoeren, waarheen weet niemand, maar hij zal vast snel komen; dagen, een week, anderhalve week nog, who knows? 'Het gevoel dat iets steeds dichterbij komt, sneller en sneller en sneller en sneller, is erg dramatisch,' schrijft hij in zijn dagboek. 'De ene dag hoor je over besmette filmsterren, de volgende over besmette politici. En de dag daarna (of misschien wel dezelfde middag, of later die ochtend, of in hetzelfde uur nog) hoor je over besmette kennissen. Daarna over besmette vrienden.' De willekeur doet David denken aan films over de Blitzkrieg. 'Daar zit je, in je kelder, en je hoort de bommen fluiten, en dan is er die ene bom die je hoort fluiten die op weg is naar jou, of toch niet, en dat weet je niet tot je hem hoort exploderen, of dat hoor je niet, omdat je morsdood bent. Elke dag gaat sneller dan de vorige, terwijl die al sneller ging dan die daarvoor, en toen was het al te veel om te kunnen bevatten, en je kunt je niet voorstellen hoe de volgende dag nóg sneller zal gaan dan vandaag, en toch is dat elke keer het geval, terwijl je voortdendert naar die onbegrijpelijke, mythische piek.'

Snelle dagen, hectische dagen, hysterische dagen, centrifugale dagen. Alleen in de studio van *De Wereld Draait Door* komt men eindelijk tot rust. De wereld draait door, maar op het Westergasterrein stoppen de camera's. Waarvan akte.

M. en ik wandelen verder. Bij groenteman Saïd hangt een briefje op de deur: maximaal vier klanten tegelijk in de winkel. De vier is doorgestreept. Maximaal drie klanten tegelijk in de winkel. Bij de slijter, die de combinatie van massale verveling, lekker weer en een toefje doodsangst vanuit commercieel oogpunt natuurlijk toejuicht, vertelt iemand dat Boris 'I shake hands continuously, you'll be pleased to know that I continue to shake hands' Johnson besmet is, en niet louter met de Churchill-koorts, maar nu ook met corona. 'Karma,' aldus de slijter, die nog maar eens een eilandwhisky in papier wikkelt. Ook de Britse minister van Volksgezondheid, Matt Hancock, is positief getest.

In *The Guardian* verschijnt een brief aan het Britse volk, geschreven door de Italiaanse romanschrijver Francesca Melandri, die nu al drie weken in een afgesloten Rome leeft. 'We liggen maar een paar stappen op jullie voor, net zoals Wuhan een paar weken voorlag op ons. We kijken naar jullie terwijl jullie je gedragen zoals wij ons gedroegen. Jullie voeren dezelfde discussies als wij kortgeleden, die gingen tussen hen die zeiden "het is maar een griepje, vanwaar dit gedoe?" en hen die het al begrepen. Terwijl wij vanuit de toekomst naar jullie kijken, weten we dat jullie, terwijl jullie wordt verteld dat je je binnen moet opsluiten, citeren uit Orwell, sommigen zelfs uit Hobbes. Maar binnenkort zullen jullie het daar te druk voor hebben. Jullie zullen eten, jullie zullen je vervelen, jullie zullen apocalyptische literatuur uit de kast trekken, jullie zullen nog meer eten. Maar jullie zullen niet goed slapen.' Een even betoverende als unheimische stem uit de Italiaanse toekomst, waarvan niemand weet of ze waarheid brengt, en zo ja, hoeveel dan.

Die nacht slaap ik slecht, of misschien wel helemaal niet, al zou het ook kunnen dat het niet kunnen slapen deel is van een droom. Ik kijk op mijn telefoon. Het is de eerste keer in tijden dat *de Volkskrant* zijn live feed niet boven aan zijn pagina heeft staan; Liesbeth List is gestorven. Na het verschijnen van haar biografie schreef ze op haar website: 'Nu is alles gezegd. Het is goed. En vergeet het vooral niet: heb het leven lief.'

Het weekend van 28 en 29 maart (dagen 133 en 134)

Misschien is het de stilte voor de storm, misschien is het de stilte tijdens de storm, misschien is de stilte de storm, misschien zijn wij Hollanders te nuchter om de storm een storm te noemen. Inmiddels: bijna 800 geregistreerde Nederlandse coronadoden, en bijna 3500 coronapatiënten die opgenomen zijn geweest.

Op Instagram lijken veel mensen te worstelen met verveling, met het overbruggen van vandaag, met niet denken aan morgen. Ik facetime met mijn neef Elias en zijn dochtertjes Rosa en Bibi. Als zij, gehuld in fraaie prinsessenjurken, even uit het frame springen, vraag ik hem hoe hij het denkt vol te houden tot 1 juni. Een lange stilte. Zijn oog trekt en twitcht. 'We doen het goed,' antwoordt hij maar. Als we hebben opgehangen, sla ik met vlakke hand op tafel en roep uit: 'The poor bastard never stood a chance!' M. vraagt of ik nog een kop koffie wil.

Onze collectieve verveling, die we ons kunnen permitteren omdat we over het algemeen in veilige gebieden wonen, leidt soms tot mooie, of op z'n minst onverwachte, resultaten. Neem het Nederlandse Instagram-account Tussen kunst en quarantaine, waar wordt opgeroepen de moderne kunstgeschiedenis over te verven met alledaagsheid.

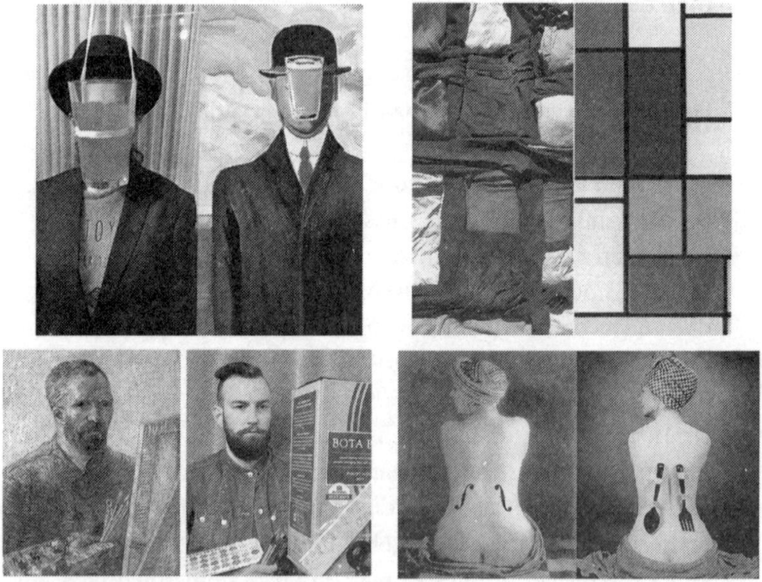

Tussen kunst en quarantaine

Vandaag schep ik zelf niet; ik verniel. De hele zaterdag ben ik bij een vriend, op gepaste afstand natuurlijk, om een betonnen plaat in zijn tuin kapot te drillen. In de bouwval die later zijn huis zal worden, zijn drie Oekraïense werklieden bezig de vloerverwarming aan te leggen. Op de gemeenschappelijke tafel liggen in plastic verpakte wafels, houdbaar tot ver na de Apocalyps, wegwerpbekertjes, hier een pak suikerblokjes, daar wat roerstokjes, hier een kaalgevreten appel, daar een pakje kauwgom. Met andere woorden: ze nemen het niet erg nauw met de regels omtrent hygiëne. Dat kan ook niet, zegt een van hen, in gebroken Nederlands, want dan zouden ze niet meer kunnen werken, ze moeten toch voor hun gezin thuis blijven zorgen, of niet soms. Op de vraag of hun betaling zwart of wit verloopt, luidt het antwoord grijs.

De hele dag werk ik in de tuin, onder de brandende zon, terwijl het zweet van mijn gezicht stroomt, boren, sjouwen, vloeken, meppen, ik leef me volledig uit, arme betonnen plaat. Mijn handen vol blaren, mijn been onder de beurse plekken, schrammen op mijn armen. Een zichtbare pijn, een beheersbare pijn, een *menselijke* pijn – ik heb me in tijden niet zo goed gevoeld.

Rond het middaguur parkeert Jan (57), hoogleraar in Berlijn, zijn auto nabij de Rieselfelder, een bekend wandelgebied. Vlak nadat hij, zijn vrouw en dochter Lena zijn uitgestapt, wordt Jan aangesproken door een ouder echtpaar. Ze zeggen hem dat hij zich op privéterrein bevindt, wat onzin is, het is een openbare weg. In Berlijn heerst geen Ausgangssperre; uitstapjes in de frisse lucht zijn toegestaan. 'We hebben jullie nummerbord,' zeggen ze, 'we doen aangifte, de politie komt eraan!' Jan, zijn vrouw en dochter lopen verder, praten over wat er in Duitsland aan de hand is; het land neemt coronapatiënten aan uit Nederland, Spanje en Italië. Veel mensen zijn het niet eens met die koers. Want wat als Duitsers die bedden straks nodig hebben? Misschien zullen de geschiedenisboeken later heel anders over Trump oordelen dan we nu doen. In Duitsland wordt serieus gedebatteerd over de-globalisering. Zou het kunnen dat Trump, met zijn America First, achteraf gezien zal worden als de grote voordenker, de filosoof van een tijdperk van nieuwe Abschottung en egoïsme?

Waarom heb ik de stad niet verlaten? vraagt David zich in New York af, terwijl hij een kijkopening in de gordijnen maakt. Hij breekt zijn hoofd erover, vloekt op zichzelf. In de VS, waar het aantal besmettingen om de drie dagen verdubbelt, is intussen de allereerste zuigeling ter wereld aan corona overleden, in Illinois. Waarom is David niet weggegaan? Even geleden, misschien een week, misschien twee, hadden mensen het daarover, over vluchten. Toen kon dat nog. Een vriend bood David en zijn vrouw een appartement in Arizona aan. Maar David had de energie niet meer om zo'n ingrijpende beslissing te nemen. De afgelopen tijd heeft hij veel gesprekken met zijn vrouw gevoerd, al waren het eigenlijk discussies in plaats van gesprekken, en al waren dat eigenlijk ruzies in plaats van discussies, over de vraag of ze nou moest terugkeren uit Tel Aviv, waar ze met vakantie was. Waar was het veiliger, dat wil zeggen: minder onveilig? Terwijl ze stekeligheden uitwisselden, bleek dat veiligheid niet het belangrijkste voor haar was, ze wilde vooral niet alleen zijn, en als hij echt van haar hield zou hij dat begrijpen. Dus uiteindelijk namen 'ze' de 'beslissing' dat ze terugkwam. Eindeloos gesteggel met de vliegtuigmaatschappij, want ze weigerde de middelste stoel. Uiteindelijk wist David een geschikt plekje te vinden, zonder buren, businessclass. Hij sloeg toe. Dus daar zat ze, in een vliegtuig volgeladen met orthodoxe joden, van Israël naar New York, businessclass, in een bij elkaar gescharreld ruimtepak (veiligheidsbril, masker, handschoenen, lange regenjas). Toen hij haar had opgehaald van het vliegveld was David zo moe van alle discussies, al het gedoe, dat hij nóg een grote beslissing – de stad wel of niet ontvluchten – niet meer aankon. 'Zoals zo vaak,' noteert hij op deze zaterdagmiddag, terwijl zijn vrouw ergens op een andere etage rondstiefelt, nauwelijks hoorbaar maar onmogelijk te negeren, 'stuitte ik op deze zieke passiviteit in mezelf, die onpeilbaar diepe en overweldigende impuls om niets te doen, om mezelf dan maar te verbergen, die impuls die ik altijd in mijn hart heb gevoeld, die mijn leven al vele malen heeft verpest, en die misschien ook ten grondslag ligt aan mijn einde.'

In Central Park zijn grote witte tenten opgesteld, ET-tenten, rampenfilmtenten, einde-van-de-wereldtenten. De top van het Empire State Building is omgebouwd tot een gigantisch zwaailicht om de hulpverleners te steunen. In het Brooklyn Hospital worden coronalijken met heftrucks in koelwagens geladen. Lijken worden tijdelijk in parken begraven, om ze later, als de crisis geluwd is, weer te verplaatsen. Intussen regeert het hyperkapitalisme nog steeds. De vijftig niet zo verenigde staten proberen hun hand allemaal te leggen op het geringe aantal *ventilators* (of zoals Trump abusievelijk zegt: *generators*), wat heeft geleid tot een perverse biedingsoorlog. 'Het is letterlijk alsof je op eBay zit voor medische ventilatoren,' zegt gouverneur Cuomo. 'En denk je beet te hebben, dan krijg je een belletje dat de gouverneur van Californië een hoger bod heeft uitgebracht.'

In het gunstigste scenario, is nu berekend, zullen meer Amerikanen sterven aan het virus dan er zijn gestorven aan de oorlogen in Korea en Vietnam bij elkaar opgeteld. Wat betekent dit voor de rest van de Amerikanen? Zijn het straks allemaal oorlogsveteranen?

En ondertussen is mijn hoop ijdel gebleken dat dit virus, deze waarheid an sich, dit niet op verschillende manieren te duiden gevaar, de kloof tussen de Trumpers en de Trumphaters voor even zou overbruggen, dat de *culture wars* het zouden verliezen van de oorlog tegen de onzichtbare vijand. Tijdens eerdere crises traden de Verenigde Staten op als leider, of het nu om de Tweede Wereldoorlog en de nasleep daarvan ging of om de bankencrisis van 2008–2009, Uncle Sam was de pater mundi, die het voortouw nam, die zei wat er gebeuren moest. Maar Uncle Sam praat tegenwoordig in tongen.

Eerst raadden FOX en MSNBC nog eensgezind aan om de handen zo vaak mogelijk te wassen. Maar inmiddels is Trump alweer rusteloos, hij heeft genoeg van de situatie en heeft een nieuwe slogan: *de remedie mag niet erger worden dan de ziekte*. Vrij vertaald: de economische schade die het stilleggen van het maatschappelijk leven in Amerika oplevert, is misschien wel kwalijker dan het aantal coronadoden. Inmiddels hebben Trumps buikspreekpoppen die retoriek keurig overgenomen. 'Ik zou liever sterven dan het land vermoorden,' zegt de toonaangevende radiohost Glenn Beck. De conservatieve commentator Dennis Prager vergelijkt de maatregelen zelfs met appeasement. Zo is social distancing, voor sommigen, een politieke daad geworden.

Als je even uitzoomt, zie je dat de pro-Trump-media vier fasen hebben doorlopen. Fase één: de schuld geven aan China (grofweg januari tot half februari). Fase twee: de risico's bagatelliseren (grofweg half februari tot begin maart). Fase drie: het delen van *survivor stories* (begin maart tot half maart). En tot slot fase vier: de schuld geven aan 'links', aan Obama die de verkeerde wetten zou hebben aangenomen et cetera (half maart tot heden).

Anthony Fauci, Amerika's expert op het gebied van besmettelijke ziekten (hun Van Dissel zogezegd) heeft intussen beveiliging toegewezen gekregen, omdat randfiguren aan de rechterzijde van het spectrum hem ervan verdenken dat hij Trump wil saboteren, met het oog op de verkiezingen in november. En zo heeft de oorlog tegen het virus zich in Amerika alweer verdubbeld: ze vechten tegen ziektekiemen én tegen elkaar.

Tien vlieguren naar het zuiden leest Yvonne in de staatskrant *El Peruano* dat het Congres een wet heeft aangenomen die bepaalt dat militairen en politieagenten die tijdens de noodtoestand hun wapens gebruiken bij 'legitieme zelfverdediging' geen strafrechtelijke verantwoordelijkheid dragen. Maar wat betekent 'legitieme zelfverdediging', als iedereen die je tegenkomt besmet zou kunnen zijn met een potentieel dodelijk virus? Het betekent dat iedereen met een uniform mag doen wat hij of zij wil. Over een paar weken zal Yvonne de televisie aanzetten en beelden zien van politieagenten en soldaten die een groep als sekswerkers actieve transgenderpersonen hebben opgepakt; de groep moet op de grond gaan liggen, push-ups doen en roepen: *Ik ben een man! Ik ben een man!* Yvonne leest verder. In het historische centrum van de in ballades bezongen wijk Rímac ligt la Plaza de Toros de Acho, de op twee na oudste stierenvechtersarena ter wereld, onthuld in 1766, vrijwel geheel opgetrokken uit moddersteen en hout. Normaliter worden er nog altijd stierengevechten gehouden, de hele stad loopt dan uit. Maar tegenwoordig is de arena opgevuld met tenten voor daklozen en mensen met geestelijke problemen. En dat zijn dan nog degenen die een plek hebben gevonden. De autowegen rondom Lima zijn afgeladen met mensen die te voet teruggaan naar hun stad of dorp, in de bergen of het oerwoud. Hun voeten zijn beurs, dikke blaren en schillen op hun hielen. Hongerig en dorstig trekken ze, onder de brandende zon, zware koffers achter zich aan. Arme zielen. Yvonne legt de krant neer en besluit koffie te zetten. Als ze even niet oplet, brandt de koffie aan.

Op zondag haal ik koffie met neef Koen. Een magere figuur, meer schim dan mens, komt op ons af, met zo'n lieflijk traantje naast zijn oog getatoeëerd. Hij vraagt of we willen vechten. Hoewel we beiden zin hebben in een verzetje, slaan Koen en ik zijn aanbod vriendelijk af. Daarna hebben we het uitvoerig over gezichtsmaskers.

Wat bezielde haar toch, met die maskers? In Changzhi (in de Chinese provincie Shanxi) slaat Jia (37) haar dagboek waarin ze de afgelopen weken heeft vastgelegd dicht. Op 25 januari, de dag van het Chinese Nieuwjaar, maakte ze een collage, zoals het gebruik voorschrijft. Tot haar verbazing maakte ze een collage van maskers. Ze bladert verder. Op 4 februari raakte ze ontroerd door een foto van een verpleegster in een blauw pak (plus masker) en haar verloofde, een man in een zwarte jas (plus masker), gescheiden door een glazen plaat. Ze leunen naar voren en zoenen elkaar, door de maskers, door het glas. In de tas van de man: snoep, soep, snacks. Ze hebben hun huwelijksdatum moeten verzetten door het virus. Op 7 februari hoorde ze dokter Zhang Wenhong zeggen dat iedereen die niet naar buiten gaat een soldaat is. Ha! dacht ze bij zichzelf. Ik ben een soldaat! Op 8 februari, tijdens het Lantaarnfestival, kon het gezin voor het eerst in twee weken naar buiten. De kapper was dicht, net als de restaurants en de theaters. De prijs van varkensvlees was schrikbarend hoog geworden. Op 17 februari maakten haar vrienden en zij grapjes over hoe moeilijk het was om aan maskers te komen; vroeger gebruikten mensen maskers om geld te roven, nu gebruiken mensen geld om maskers te roven. Op die dag wist Jia twintig N95-maskers en tien gewone maskers op de kop te tikken voor 700 yuan, ver boven de gewone prijs, maar goed. Sinds 17 februari ging het beter. De maatregelen werden beetje bij beetje versoepeld. Maar vandaag, op 29 maart, vraagt haar zoon of hij mag voetballen, buiten, zonder masker, en vandaag, op 29 maart, zegt ze ja. De jonge verpleegster en haar verloofde zijn inmiddels getrouwd.

Die avond trekt M. een fles rode wijn open. 'Op 1 juni!' zegt ze.

'1 juni. Hoe gaan mensen dit volhouden? Hoe doen we dit?'

'Dat kan maar op één manier: een *total and complete eradication of the self*,' antwoordt ze.

'In het gunstigste geval!' roep ik uit.

Maandag 30 maart (dag 135)

M. en ik kuieren rond, we zoeken naar zon, verdwaalde reepjes licht. Over drie dagen zou ze een paar dagen naar familie in Drenthe gaan, maar de vrouw van haar broer heeft zojuist, na ampel overleg met allerhande vriendinnen, afgezegd. Ze is te bang voor het virus, dat misschien wel verstopt zit in M.'s kleren, in haar vingertoppen, in haar adem. Ze heeft de laatste tijd visioenen van dierbaren op de intensive care. M. en ik zijn allebei geschrokken van het bericht. Niet zozeer vanwege het besmettelijke virus maar vanwege de minstens even besmettelijke angst voor het virus. We lopen na hoe zoiets gaat. De ene vriendin klinkt zorgelijk – *hm, zou je zoiets wel doen?* –, de volgende zoekt woorden bij die zorgen – *je dochter zal maar besmet raken* –, weer de volgende versterkt die woorden – *eigenlijk is het erg onverantwoord* –, en het resultaat is een gealarmeerde sfeer die nauwelijks nog in relatie staat met de statistieken, met de realiteit. Want de realiteit is dat je best familie kunt bezoeken, mits je afstand houdt, mits je niet in aanraking komt met ouderen. De realiteit is dat er niets is veranderd ten opzichte van gisteren, toen M. nog gewoon welkom was. De afzegging komt hard aan, deels vanwege onze verbazing over wat aanvoelt als een uiting van massahysterie. Maar ook omdat we allebei uitzagen naar die dagen, omdat we weer even alleen zouden zijn, om onze gedachten te ordenen, om ons niet meer aan elkaar te hoeven aanpassen. Het leven is klein geworden, de tijd rekt zich uit terwijl de ruimte om ons heen lijkt te krimpen. M. en ik kijken om ons heen, enigszins beduusd vanwege de opperste stilstand om ons heen, de windstilte, de dichte luiken. De stad is geen leefomgeving meer maar een decor, een theater, een potemkinstad, vol rekwisieten (fietsen, auto's) en een handvol acteurs die hun tekst zijn vergeten.

In Wymondham worden George' dagboeknotities beknopter. 'De komende twee of drie weken zullen doorslaggevend zijn in de strijd tegen het virus. De rest is speculatie.'

Het speculeren is ook begonnen voor Freddy, uit Brussel weggevlucht en zich nog steeds schuilhoudend in de Ardennen. Hij heeft namelijk iets doms gedaan. Hij heeft een filmpje aangeklikt over *wildlife trafficking* in China, over markten waar honderden diersoorten, in opgestapelde kooien, slechts van elkaar gescheiden door spijlen, met elkaar in aanraking komen, waardoor virussen eenvoudig kunnen overspringen. Freddy staart naar microscopische foto's van longen, hij buigt zich naar zijn scherm en ziet het virus, een stekelig bolletje dat enkel 'denkt' aan overleving. En dan begint het speculeren. Het virus leidt niet alleen tot panische overlevingsdrang bij ons, redeneert hij, het ís panische overlevingsdrang, hoe het continu overspringt om in leven te blijven. Freddy's paniek laait weer op, hij klapt zijn laptop dicht en staart naar buiten, naar de bossen, de schone lucht, naar het decor van een vredig bestaan, waar de omstandigheden zo zijn dat ze even vergeten kunnen worden.

In Ierland zijn Nathalies twee weken van isolatie eindelijk voorbij. Haar *case of corona* was gelukkig relatief mild. Af en toe heeft ze hartkloppingen en als ze gaat slapen is ademen wat lastiger, omdat ze ligt. Intussen is het land op slot gegaan. Er zijn controleposten bij populaire plekken, Glendalough, de Wicklow Mountains, Croagh Patrick. De politie is zo goed om warme maaltijden naar ouderen te brengen en een praatje met ze te maken.

In Italië wordt intussen gespeculeerd over de diepere betekenis van het virus. Schrijver Sandro Veronesi, in Rome, peinst over de kansen die corona biedt om het collectief beter te doen. Als het virus geweken zal zijn, moet de economie opnieuw worden ingericht; een mooie kans om na te denken over de toekomst van de planeet, niet? Veronesi hoopt allereerst dat we onze medemenselijkheid herwinnen. Als hij een oude man ziet van de leeftijd die wijlen zijn vader gehad zou hebben, dan zou Veronesi hem willen beschermen, of misschien wel redden. Door een ander mens te redden, red je jezelf, is zijn overtuiging. Schrijver Edoardo Albinati denkt daar anders over. Hij kijkt uit het raam en ziet een absurde, vermoeiende, dramatische wereld. 'Door deze omstandigheden op welke manier dan ook aan te grijpen als iets gunstigs,' schrijft hij me, 'iets kansrijks, houden we onszelf alleen maar voor de gek. Dit is niet de tijd voor meditatief zelfonderzoek, voor metaforiek. Het is een tijd van overleven, en daarna zal een tijd van leven volgen.'

Zal er geen *voor* en *na* zijn, geen scheur? Elke dag dezelfde vraag, elke dag een ander antwoord. 'Ons verstand racet nog steeds heen en weer,' schrijft de Indiase schrijver en activist Arundhati Roy in *The Financial Times*, 'het verlangt ernaar terug te keren naar de *normaliteit*, het probeert onze toekomst aan ons verleden te naaien, het weigert te erkennen dat er een breuk is. Maar de breuk bestaat.'

Het is een permanente zoektocht naar de juiste metaforen, denkt de 18-jarige student Anson (woonachtig in Shantou, in de Chinese provincie Guangdong) bij zichzelf. 'We dompelen onszelf onder in literatuur,' schrijft hij in zijn dagboek, 'wanhopig op zoek naar mooie of gevaarlijke metaforen, die ons in staat zouden moeten stellen om te reflecteren op onszelf en de wereld. En dan kijken we om ons heen en zien we alleen nog metaforen. De natuur is een metafoor, menselijk gedrag is een metafoor, het virus is een metafoor.' Maar waarvoor precies, dat weet niemand, nog niet, iedereen leest de tekenen anders.

Yvonne, in Peru, speculeert liefst zo min mogelijk, en aan metaforen hecht ze weinig waarde. Ze probeert haar dagelijks leven te leiden, meer niet. Haar zoon doet de tuin, haar man maakt vers brood, zijzelf doet de was, en schoonmaken doen ze met z'n allen. Ondertussen staan de militairen om de hoek. Het enige dat het paradijs van de hel scheidt, is een tuinmuurtje. Iedereen houdt elkaar in de gaten. De buren zijn het ergst, die staan de hele dag klaar met hun telefoon, en zodra ze iemand op straat zien beginnen ze te bellen. Men noemt ze de 'raam-gestapo'. De Peruanen zijn sowieso goed in namen, vindt Yvonne. In het oerwoud leven mensen die hun kind de voornaam Hitler geven, of Jhohjn, Aluminia, Ramborocky of natuurlijk Mozartbach. Yvonne drinkt haar ochtendkoffie tegenwoordig op een stoel in de garage, terwijl ze de kranten doorneemt. Soms huilt ze, ze kan er niks aan doen. Peruanen komen om van de honger, dat is al erg zat. Maar nog pijnlijker vindt ze de talrijke verhalen van broers, vaders, stiefvaders en ooms die de straat niet op kunnen om aan hun gerief te komen en hun zussen, dochters, nichtjes en vrouwen verkrachten.

Overal ter wereld neemt huiselijk geweld toe. In Frankrijk gebruiken slachtoffers van huiselijk geweld codewoorden. Als ze in een winkel vragen om 'mondmasker nummer 19', dan belt de baliemedewerker de politie. Volgens de Turkse organisatie We Will Stop Femicide Platform zijn er sinds het virus in Turkije landde achttien vrouwen vermoord, van wie twaalf in hun eigen huis. In Italië is het aantal meldingen juist sterk gedaald, maar vermoed wordt dat dit komt doordat vrouwen bang zijn om te bellen terwijl hun man zich in hetzelfde huis bevindt. De politie heeft een app ontwikkeld waarmee vrouwen veilig contact kunnen zoeken. In de slums van Delhi zijn de klinieken die overlevers van seksueel geweld behoren op te vangen onbereikbaar geworden, door de overheidsbepaling dat sommige 'blocks' helemaal op slot gaan zodra er vier of meer coronagevallen bekend zijn. In Port-au-Prince rijden *sound trucks* door de sloppenwijken; vrouwen die te maken kregen met seksueel geweld en verkrachting worden opgeroepen zich vooral niet te schamen en naar de kliniek te komen.

In Panama zijn intussen nieuwe maatregelen ingevoerd, op basis van gender. Mannen mogen op maandag, woensdag en vrijdag naar buiten. Vrouwen op dinsdag, donderdag en zaterdag. Zondag is en blijft de dag van bezinning. In Maleisië heeft de regering een serie onlineposters uitgebracht onder de hashtag #WomenPreventCovid19. Het advies van de regering aan de vrouwen van het land: of ze niet willen zeuren tegen hun echtgenoot, of ze niet sarcastisch willen reageren als hun echtgenoot vraagt of ze willen helpen met huishoudelijke taakjes, en natuurlijk of ze alsjeblieft zo vriendelijk willen zijn om make-up te dragen.

In Guayaquil, de grootste stad van Ecuador, liggen tientallen overleden coronapatiënten op straat. De ziekenhuizen, mortuaria en kerkhoven zijn vol. Sommige lichamen zijn in brand gestoken om verdere besmetting te voorkomen. De groteske beelden zijn zo naar dat ik er niet te lang naar kan kijken. Wakker worden, zeg ik tegen mezelf. Eten, thuisblijven, drinken, gaan slapen, dankbaar zijn voor zaken die een paar maanden geleden nog vanzelfsprekend waren, je ogen openhouden en weten wanneer je je vingers in je oren moet stoppen. De rest is speculatie.

Dinsdag 31 maart (dag 136)

Op de dag dat we een recordaantal besmettingen meemaken (722) wordt 'Zon' gelanceerd, een als aanmoediging bedoeld anticoronalied, ingezongen door Bekende Nederlanders, om hen moverende redenen allen gekleed in het wit. Het lied wordt simultaan uitgebracht en afgefikt, en wel door ie-der-een, een golf van verontwaardiging trekt over de socials, en zelfs *De Telegraaf* toont zich kritisch. Een interessant fenomeen tekent zich af: de celebrity is van zijn voetstuk gevallen.

Dit gebeurt niet alleen in Nederland, maar bijvoorbeeld ook in Frankrijk, waar het coronadagboek dat schrijver Leïla Slimani voor *Le Monde* bijhield een rel veroorzaakte; het werd ongepast gevonden, misplaatst, stuitend ijdel. Slimani deed vooral verslag van haar verveling, en hoewel die verveling ongetwijfeld reëel was, en verstikkend kan zijn, hebben velen van ons aanmerkelijk slechtere kaarten toebedeeld gekregen. De zieken, de misschien-zieken, de bijna-zieken, de familieleden van zieken, de mensen in de zorg, de sekswerkers, de daklozen, eigenlijk iedereen behalve de financieel gezonden die zich kunnen terugtrekken in hun fraaie huis en kunnen schrijven over verveling. *Diacritik* schreef dat het werk van Slimani niets anders was dan een testament van de gekte van de klasse waartoe de schrijver behoort: de geprivilegieerde bourgeoisie. Eerder schreef ik dat geografische en ecologische grenzen door de crisis ineens weer nadruk krijgen, maar hetzelfde geldt dus voor sociale grenzen.

In Engeland twitterde columnist annex provocateur Katie Hopkins dat celebrity's in deze tijden 'minder belangrijk zijn dan een hond'. De bourgeoisie is een kennel geworden. Daar, aan de overkant van Het Kanaal, zijn nu vooral voetballers de kop van Jut, omdat velen van hen nee hebben gezegd tegen een salarisvermindering van 30 procent. De reden die ze aanvoerden: dat zou tot minder belastingen leiden, en daardoor zou de National Health Service weer in de problemen raken. Een kwaadaardig manipulatieve redenering, die precies als zodanig wordt opgevat.

Maar de botsing tussen celebrity en de massa is nergens zo schrijnend geweest als in de Verenigde Staten, zo constateerde Amanda Hess gisteren in *The New York Times*, in een stuk getiteld 'Celebrity Culture is Burning'. 'Een van de sociale gevolgen van het coronavirus,' schrijft ze, 'is de razendsnelle ontmanteling van de cultus van beroemdheden.' Amerika werd de laatste weken overspoeld door zelfgemaakte video's, opgenomen in ruime appartementen, vanaf balkons en dakterrassen, vanuit weelderige tuinen of zelfs voor een haardvuur. Robert De Niro, Priyanka Chopra, Zoë Kravitz, Ryan Reynolds, Jennifer Lopez, Wonder Woman Gal Gadot ('mijn superkracht is thuisblijven'), Ellen DeGeneres, allemaal riepen ze op om vooral niet naar buiten te gaan; een oproep waaraan in hun geval makkelijk te gehoor te geven was, zij hadden hun baan niet verloren, zij waren niet gedwongen om toch maar te proberen een bestaan bij elkaar te scharrelen, zij woonden niet in een miniem studiootje met een onwelriekende huisgenoot, en als het toch uit de hand liep zouden zij zich de beste zorg kunnen permitteren.

Waar filmpjes als deze, thuis opgenomen en quasi-authentiek, onder normale omstandigheden vermoedelijk waarderend commentaar zouden hebben geoogst (in de trant van: 'hij/zij en ik zitten in hetzelfde schuitje') was de min of meer collectieve reactie er nu een van afschuw. Vanwaar deze omslag? Amanda Hess betoogt dat de vaak puissant rijke celebrity's tot voor kort werden geaccepteerd omdat ze tegelijk *aspirational* (nastrevenswaardig) als benaderbaar leken. Ik zeg 'leken', omdat die benaderbaarheid vrijwel altijd zorgvuldig geconstrueerd was en deel uitmaakte van een *likeability strategy*. Maar corona heeft aangetoond dat beroemdheden aspirational noch benaderbaar zijn. Ze zitten in hun grote huizen, achter smeedijzeren hekken, omringd door bedienden. De crisis heeft de illusie van sociale mobiliteit verstoord; niemand die zo'n celebrity-video ziet en denkt: als ik maar hard werk, kan ik dat ook bereiken. Wat je wel denkt: *jij hebt makkelijk praten. Wat weet jij er nou van? Waar ben jij als mijn huur overgemaakt moet worden? Wie ben jij eigenlijk?* De meest onverdraaglijke celebrity-video is ongetwijfeld die van een in bad zittende Madonna (rozenblaadjes die ronddobberen in het water) die zegt dat covid-19 'the great equalizer' is. Als het virus íéts heeft aangetoond, beste Madonna, is dat sommigen een stuk meer equal zijn dan anderen.

‘Ik ben boos,’ schrijft Elfie in haar dagboek. Haar vriendin Eva zat in Mexico toen de crisis in Nederland uitbrak. In plaats van terug te keren besloot ze met drie hippievrienden verder te reizen en een hut aan het strand te huren. Vanuit dat paradijs stuurt ze video’s van zichzelf; een naakt orakel op een balkon, prachtig uitgelicht door de avondzon. ‘Dan staat ze daar,’ schrijft Elfie, ‘en draagt ze ons op naar Gaia en de lessen van Moeder Aarde te luisteren. Ze bidt voor haar eten en wil dat wij dat ook doen. Ze vindt dat we moeten nadenken over nieuwe rituelen om de dood te vieren. Ze begraaft een krekel. Zij beschikt over het geld en de luxe om zich af te zonderen in een strandhut, terwijl de Mexicanen in ranzige, uitpuilende wereldsteden creperen onder de armoede en het machismo. Waar haalt ze het gore lef vandaan een voorbeeld te willen zijn? Wat maakt haar zo bijzonder behalve een gezond lichaam en het juiste paspoort?’

Waar bevind ik me in dit spectrum? Aan de comfortabele zijde, zonder enige twijfel. Ik heb geld verloren, opdrachten zijn geannuleerd, mijn inkomsten zijn tot het nulpunt gedaald, maar ik heb een fijn appartement, genoeg reserves om het even mee uit te zingen, ik ben gezond van lijf en leden, ik leef niet in een virale hotspot, ik kan het me veroorloven om niet te vrezen voor mijn leven.

Nu vind ik niet dat mensen zich zouden moeten schamen voor hun privileges. Wel zou je mogen verwachten dat ze zich er bewust van zijn, en geen levensadvies debiteren dat alleen voor henzelf makkelijk op te volgen is; dat ze zich niet in witte pakjes hijsen om met allerlei vage teksten ‘hoop’ te verspreiden; dat ze niet filosoferen over de positieve invloed van een dodelijk virus vanuit een badkuip vol rozenblaadjes.

Over *minder belangrijk dan een hond* gesproken. In Beiroet rijdt Roulinia van dierenorganisatie Adopting a pet in Lebanon dagelijks uren rond. Ze ziet dieren vastgebonden aan bomen, of ze dwalen juist rond, verloren, gedesoriënteerd, in paniek. Rashonden, prachtige katten, vuilnisbakkies en alles ertussen. Vorige week, op de Libanese televisie, stelde iemand namelijk dat het virus kan worden overgebracht van huisdier op mens – wat niet het geval lijkt; wereldwijd zijn twee honden en twee katten positief getest op het virus, maar de transmissie is verwaarloosbaar – waarna baasjes van alle rangen en standen hun dier op straat zetten. Mensen die hun dier niet hebben weggedaan, worden met de nek aangekeken. Er wordt rattengif op straat gelegd, verstopt in brokjes vlees. Dieren worden met een auto overreden of in hun snuit geschoten. In Jordanië en Egypte zijn soortgelijke voorvallen gemeld. Over een paar dagen zal Lola, de oudste hond van Yvonne, in Peru, niet thuiskomen na haar vaste wandelingetje over het strand.

Maar ook dieren veranderen in beesten. De duiven en meeuwen van de Dam, die zich normaal tegoed doen aan door toeristen weggegooide frietjes, kermen van de honger. Meeuwen lijken listiger. In tweetallen vallen ze duiven aan, om ze dood te pikken en kaal te vreten. Andere vogels horen we alleen maar. Wat zingen ze mooi.

‘Advice on how to look after your poets during coronavirus’, leest dichter George in Wymondham online. Wel, leg ze lekker in de tuin, zou hij zeggen, laat ze versregels schrijven en op blaadjes knabbelen. Pas bij herlezing ziet hij dat het om ‘pets’ gaat in plaats van ‘poets’. Ach, daarvoor geldt eigenlijk hetzelfde.

’s Avonds zitten M. en ik op de bank. Ze voelt zich verward en onzeker, en ik durf niet te vragen of het door mij komt, door het samenwonen, of door de ontwrichtende effecten van het virus. Vermoedelijk door alles tegelijk. Het kost me moeite om in de toekomst te kijken, om geruststellende dingen te zeggen, om verder te kijken dan 1 juni. Ik leef in de overlevingsstand. Ik zeg dat ik mijn best doe, ze antwoordt dat ze dat weet, ziet, merkt. Het werkwoord voelen gebruikt ze niet.

Ik klap de laptop open voor de volgende persconferentie. ‘We zijn voorbij de start,’ zegt premier Rutte, ‘maar we zijn nog niet aan het eind van het begin.’ Overduidelijk een verwijzing naar de beroemde uitspraak van Churchill, nadat de Engelsen de Duitsers hadden verslagen bij El Alamein. (‘Dit is niet het einde. Het is niet eens het begin van het einde. Maar het is, misschien, het einde van het begin.’) Misschien is dat nu de toets waaraan we alle premiers en presidenten onderwerpen: hoe hoog hij of zij scoort op de schaal van Winston Churchill?

Woensdag 1 april (dag 137)

Geen corporate 1 aprilgrappen dit jaar. Geen bedrijf brandt zijn vingers eraan. Individuen evenmin. Welke grap zou nu nog geloofwaardig zijn?

We leven in een tijd van de plaag. 1 april.

Het gaat erom spannen of we genoeg ziekenhuisbedden hebben. 1 april.

Ik vind dat Rutte het goed doet. 1 april.

Iemand die Sibe Doosje heet, en namens de Universiteit Utrecht gespecialiseerd is in humor, komt in het nieuws. 'Er is een soort regel die stelt dat humor tragedie plus tijd is,' zegt Doosje. 1 april.

In de Indiase deelstad Andhra Pradesh hebben politieagenten hun paarden beschilderd met rode, virusachtige

Foto: STR/AFP

vlekken; de bekende rode bollen met vervaarlijke stekels. Dit om het volk te waarschuwen voor het virus. 1 april.

Mijn vader zoekt geruststelling in het bekijken van documentaires en series over rampen. Zijn favorieten: *When the Levees Broke* (2006), over de gevolgen van de rampzalige Hurricane Katrina in New Orleans, en *Chernobyl* (2019), over de nucleaire ramp aldaar. Zo bezien valt het hier wel mee, vindt hij. 1 april.

Op straat speelt een dakloze in een knalrood fleecepak, met een versleten olifantenmuts op, uit alle macht één noot op een blokfluit, herhalen, eindeloos herhalen, zijn wangen zijn rood van de inspanning. 1 april.

M. gaat weer een paar dagen bij haar beste vriendin Laura slapen. Zij en ik kunnen ons maar moeilijk verzoenen met de situatie, of om precies te zijn met het principe dat zoiets externs als een virus zoveel invloed kan hebben op ons leven. Het voelt als een onheuse inmenging, een even ongepaste als anachronistische interventie. Dat is de erfenis van bijna tachtig jaar aan vrede en bijna zestig jaar aan welvaart – dat we het idee van *lot*, dat wil zeggen een buiten ons gelegen macht die ons leven bepaalt, niet meer accepteren. Lot, dat is iets van vroeger, uit boeken, uit epen, uit verhalen van grootouders die weten hoe bloembollen smaken, en ganzen uit de grachten. Maar het lot was niet uitgepraat. Het lot had een stem. Het lot had een naar kuchje. Amechtig zei het lot tegen ons: jullie die zo houden van vrijheid, van ruimte, van eenzaamheid, van keuzes, jullie zullen gestraft worden voor jullie overmoed. Zij vertrekt, ik laat haar uit. Zo hebben we nog íéts te kiezen. 1 april.

Donderdag 2 april (dag 138)

Doordat er zo weinig mensen in de stad zijn, verandert haar gezicht. Ze blijkt veel ouder dan ik dacht. Ouder, maar ook mooier.

Ik wandel over de Wallen. Zoals verwacht: geen rode lantaarns, geen vrouwen achter de ramen. Veel dames, vertelt iemand van een seksshop me, zijn teruggegaan naar huis, naar het Oostblok. Deze normaliter toeristische, levendige, van ranzige energie overstromende buurt is volledig verlaten, een handvol zwervers uitgezonderd, die iets baldadigs in hun motoriek hebben, en onverschrokken kijken, alsof de wetten van de jungle zijn omgedraaid en zij door een of ander mirakel tot koning zijn gekroond. Zouden ze soms weten dat *corona* 'kroon' betekent?

Ook rond de Oude Kerk is het helemaal stil. Milan Kundera schreef ooit over deze plek, die volgens hem zo uniek was omdat het heilige (de kerk) er wordt omringd door het profane (de talloze peeskamertjes). Maar na het heilige lijkt nu ook het profane ons te hebben verlaten. Voor het Museum of Prostitution zijn twee werkmannen bezig een kartonnen bord met daarop de woorden 'virgin' en 'bondage' de kelder in te sjouwen. Iets verderop staat op een neergelaten rolluik een leus gekalkt. 'Take care of yourselves, and each other.' Was getekend, Jerry Springer.

Nu pas, al wandelend, besef ik hoezeer het oude, rare Amsterdam nog voortleeft, in het donker, daar waar de neonlichten niet komen. De nisjes, de gangetjes, de etalages met vleermuizen op sterk water, grote stoffige weckpotten met ronddobberende, in elkaar gedoken muizen.

Dankzij de stilte hoor je de fluisteringen van verhalen die anders in het stadslawaai ten onder gaan. En dan zijn er nog de verhalen die helemaal geluidloos zijn geworden. Op meerdere eeuwenoude panden zie ik een plakkaat ter ere van degene die de eerste steen heeft gelegd. Maar wie herinnert zich de man of vrouw die de tweede steen heeft gelegd?

Een vrouw komt me tegemoet, een lange vrouw in een goedkope bontjas, met een hevig opgemaakt gezicht en geverfd haar. Ze duwt een lege rolstoel voort. Ze glimlacht schalks. Is ze op weg naar haar invalide man, of misschien haar vader, zou hij het hebben? Achter de vrouw loopt een verlopen uitziende man met een camera. 'Hier,' zegt de vrouw ineens, en ze werpt de bontjas af. Rode lingerie, een panty, zwarte pumps. Ze laat zich vallen in de rolstoel alsof het een troon is. Ze steekt een sigaret op en stoot zwoele rookcirkels uit. De fotograaf begint te klikken: *ja, dat is goed, nee, pak die reling vast, ja, kijk me aan*. Haar oorbellen zijn halvemanen, ze heeft een tekst op haar rechterarm getatoeëerd: *Let go, let God.*

Op de terugweg, vlak bij mijn huis, kom ik een oude man tegen die bevriend is met mijn oma. Hij loopt met me mee. Bij elke anekdote die hij vertelt kan ik slechter inschatten hoe oud hij is. Hij vertelt dat hij dáár woonde, bij dat gangetje, waar vroeger een schuilkerk was. En dát daar was een levertraanfabriek, wat kon het stinken. En bij deze brug, als je dat trappetje nam, tot onder de boog, daar zat vroeger kakkemientje. Wat? Kakkemientje, daar kon je kakken voor een spietje, je drol plonsde zo de gracht in. Een spietje? Een muntstuk, verduidelijkt hij. En

Mientje had nog een troef: ze had een touw met een haak, als er dan een kar aan kwam, kon zij helpen om hem over de helling te krijgen. Voor een spietje zeker? Precies, antwoordt hij. Is hij bang voor het virus? Nee joh. Hij heeft de oorlog meegemaakt, en gaf daarna als reservist leiding aan het reddingsbataljon dat moest reageren op een eventuele atoomaanval van de Russen, hij heeft met scenario's gewerkt waarin de straten vol lagen met lijken. Stokoude verhalen, alternatieve geschiedenissen, verenigd in één oude man die over verlaten grachten loopt. 'Allemaal kennis die verloren gaat,' zegt hij, alsof hij mijn gedachten hoort, 'kennis die nog maar even voortleeft, en uitsluitend in het hoofd van iemand als ik.'

De rest van de middag zwerf ik over het internet, op zoek naar beelden van vroeger, en anders van nu. Onze reclames zijn aan het veranderen, valt me op. De positieve boodschappen van weleer, kracht bijgezet door vaste beeldelementen als de brede glimlach en de gebruinde festivalhuid, sluiten misschien niet meer aan bij onze belevingswereld, ze zouden opgevat kunnen worden als pijnlijk en *tone deaf*.

De nieuwe boodschappen zijn ernstiger, en de beeldtaal is anders – veel reclames bestaan uit filmpjes die zogenaamd zijn opgenomen met de telefoon, omdat iedereen nu thuis zit, óók in het Ikeaversum. De nieuwe reclames hameren op solidariteit. (IKEA: 'Samen zijn we slimmer thuis.' Kruidvat dat er 'gewoon' voor ons is, 'juist nu'.) In de Verenigde Staten is die aansporing tot solidariteit in commercials nog veel duidelijker te zien. Burger King riep mensen op een ‘Couch Potatriot’ te worden, door thuis te blijven en burgers te bestellen. Frisdrankmerken, verzekeringsmaatschappijen, pizzamerken, allemaal dwepen ze – lekker sentimenteel deuntje eronder – met solidariteit. De impliciete boodschap: toon je solidariteit door ons geld te geven. Maar waar is de solidariteit van die bedrijven? Waar was hun solidariteit toen ze hun werknemers jarenlang gênant weinig betaalden, waar is hun solidariteit met die duizenden kleine winkeltjes en restaurants die helemaal geen buffer hebben om deze klap op te vangen, die geen budget hebben voor dure reclames en sentimentele deuntjes?

Ik bel met M. De oma van haar beste vriendin Laura is ziek geworden. Een van de medebewoners in het Noord-Brabantse verzorgingstehuis waar de oma zit, heeft haar besmet. Laura is erheen gereisd. De provincie is lamgeslagen, niemand op straat, iedereen heeft een grimmig verhaal te vertellen. Laura en haar familie logeren in een bed & breakfast waar al anderhalve maand niemand is geweest. De vader van de eigenaar van de B&B heeft de afgelopen maand tien vrienden verloren aan corona. En laatst stond er een rouwadvertentie in de krant, twee zussen van een overleden man konden niet bij de plechtigheid zijn omdat ze zich niet goed voelden. Twee dagen later waren ze allebei dood.

Daarna gefacetimed met de psychiater bij wie ik af en toe aanwaai. (Het telefoontje is op zijn initiatief.) Eindelijk lijk ik de feiten aan mijn zijde te hebben, eindelijk spoort mijn levensgevoel met de feiten: de wereld is een tranendal gebleken. Hij lacht hartelijk. Het is een korte sessie.

Vrijdag 3 april (dag 139)

In de krant een foto van vrijwilligers die, trots en vastberaden, een telefoonlijn zijn begonnen voor mensen die verlegen zitten om een praatje, die alleen zijn, #eentegeneenzaamheid. Duizenden mensen, vooral bejaarden, bellen het nummer. Die vrijwilligers zijn goede mensen. Wat ze gisteren ook hebben uitgevreten, wat ze morgen ook zullen uitvreten – het zijn goede mensen.

Als ik mijn oma aan de lijn krijg, zegt ze meteen dat ik weer moet langskomen. Dat kan dus niet. 'O ja,' zegt ze, 'dat virus. Wat een gedoe. Ik zit in een totaal isolement. O god, ik word naar een tafel gereden, o jee. Maar ik kan goed tegen eenzaamheid. Mag ik een slabje, o, prachtig, wat word ik heerlijk verzorgd. Nee, daar zit ik niet. Ik zit dáár. Dat virus. Het is niet anders. Ik huil niet 's nachts, ik red me wel.' Ik doe verslag van de familie, Rosa heeft waterpokken en is furieus, verder geen zieken. Mijn oma riposteert met een anekdote over een bunkerbouwer die ooit bij haar op bezoek kwam, die al zijn geld had belegd in kunst die vals bleek te zijn, zomaar een bezoekje van lang geleden, uit de mist gerold. 'O, we gaan eten. Kom je snel langs?'

George, in Wymondham, behoort ook tot de mensen die als kwetsbaar zijn aangemerkt: hij is gepensioneerd en zijn hart heeft al wat optaters gehad. Wanneer dagen cirkelvormig zijn en je toch vrijwel niemand ziet, is het eenvoudig om je gevoel voor decorum te verliezen. George zou kunnen stoppen met zich scheren, hij zou de gebruikelijke tijdstippen om te ontbijten of de maaltijd te nuttigen kunnen afschaffen. Maar hij scheert zich elke ochtend, niet omdat dat zo leuk is, maar omdat het hem een gevoel van trots verschaft, van waardigheid. Het is de weg van de gevangene. 'In plaats van dat ik de dagen markeer door streepjes op de muur te krassen,' schrijft hij in zijn dagboek, 'schraap ik mijn gezicht schoon.'

In een verpleegtehuis in Michigan roept Lou Ann Dagen (66), keer op keer, steeds weer opnieuw, haar virtuele Amazon-assistent Alexa aan. Ze heeft het ding vorig jaar van haar neef gekregen, om in contact te blijven met de wereld. Lou Ann kermt, krijgt weinig adem. 'Hoe kan ik hulp krijgen?' hijgt ze tegen Alexa. 'Hoe kom ik bij de politie?' Of anders 911. Maar dat kan Alexa haar niet vertellen. De *smart devices* van Amazon zijn er niet op gemaakt om als vervanging te dienen voor levensreddende diensten, en daarom zijn ze geprogrammeerd om géén 911 te bellen. Maar dat weet Lou Ann niet.

Het weekend van 4–5 april (dagen 140–141)

In Amsterdam is het druk, opvallend druk, misschien wel zorgwekkend druk. 's Middags afgesproken met Mikko, om naar onze favoriete supermarkt te gaan, De Kweker, bestemd voor horecamensen. (Hij heeft een pasje omdat hij als kok furore maakt onder de naam John Pastinaak.) Zijn mat is langer geworden, zijn baard vertoont grijze plukken, eigenlijk is hij helemaal aan het vergrijzen, zelfs zijn oorbelletje is van goud naar as aan het verkleuren. Het is rustig in De Kweker. Eindeloos veel spullen, ook nog in bulk. Het voelt als de scène in een apocalyptische film waarin de hoofdpersonen de voordelen van de ondergang der aarde beginnen in te zien.

Ondertussen fietst minister Ferdinand Grapperhaus (Justitie en Veiligheid) door het Vondelpark, in het gezelschap van twee agenten, om te controleren of men zich wel aan de (zijn) regels houden. 'Daar, die drie chickies,' zegt hij tegen de agenten, en ze rijden het gras op, waar drie jonge vrouwen zitten te picknicken. 'Lekker picknicken, maar wel anderhalve meter afstand,' zegt hij. Wanneer je als samenleving echt moet oppassen? Als een minister het over chickies heeft en agenten glimlachen. (In een uiterste poging om mensen onder de zestig aan te spreken, verspreidt Ferd ook een videoboodschap met de leus 'slimmer chillen = corona killen'.)

In Parijs gaan Raoul en zijn vriend die middag stiekem op bezoek bij een vriendin met een tuin die uitkijkt op de Eiffeltoren. Ze dragen de mondkapjes die Raouls vriend heeft genaaid, van stof die ze hebben meegenomen uit Suriname, toen reizen nog bestond. Raoul ziet een nieuwe trend in het straatbeeld: koppels met zelfgemaakte en matchende mondkapjes. Hij probeert niet te veel naar president Macron te kijken. De laatste keer hield Macron een speech op locatie, in een ziekentent, met een gebarentolk achter zich. Die twee waren zo perfect uitgelicht dat ze voor een *green screen* leken te staan. Verder rijden er geen treinen meer tussen Parijs en Nederland. Zelfs als Raoul terug zou willen kan dat niet. 'Ik ben een banneling!' noteert hij in zijn dagboek.

Het is wachten op de piek, beseft David in New York, until the peak passes over. Het schijnt volgende week te gebeuren. Hij slaat zijn agenda erop na. Volgende week! Dan is het *Passover* (Pesach). Fucking Passover, het feest waarbij gevierd wordt dat de engel des doods voorbijvliegt. Onder normale omstandigheden zou hij misschien besmuikt hebben gelachen om dit staaltje ironie, maar ironie is een nutteloos goed gebleken, nu de ziekenhuizen uitpuilen en veranderd zijn in schreihuizen, stikhuizen, sterfhuizen.

Een vriend zei hem gisteren dat het toch zo belachelijk is dat ambulances hun sirenes nog gebruiken: de straten zijn leeg, er is niemand die aan de kant hoeft, de stad brengt geen tegengeluiden meer voort. Het enige wat je met sirenes bereikt is dat je de algehele gruwelsfeer versterkt. De ambulances in Italië brengen allang geen geluid meer voort, zegt de vriend. Intussen zijn de Amerikaanse snelwegen zo verlaten dat snelheidsduivels allerlei records breken: een witte Audi A8 rijdt van Manhattan naar Redondo Beach, Californië, bijna vijfduizend kilometer, in minder dan zevenentwintig uur. Het wordt de Cannonball Run genoemd.

De kleine ecosystemen in de stad komen in de problemen, vertelt een andere vriend, die als *doorman* werkt bij een appartementencomplex voor voormalig daklozen die willen re-integreren. Zij weten wat er broeit, onder de oppervlakte; er schijnt een golf van criminaliteit aan te komen. De drugsmarkt is ingestort, dealers worden wanhopig, het zal niet lang duren voordat ze het tegen elkaar moeten opnemen om hun handeltje te beschermen. Waar blijft die fucking engel toch?

In een verpleegtehuis in Michigan sterft Lou Ann Dagen. Het zal twee dagen duren voordat haar zus alle aan Alexa gerichte noodkreten in het geheugen van het Amazon-apparaat aantreft.

In China vindt een nationale dag van rouw plaats, het Qingmingfestival. De letterlijke vertaling van het festival: tombeveegdag. Op deze dag maken veel Chinezen de voorvaderlijke graven schoon, die vaak in de bergen liggen en overwoekerd zijn met onkruid. Dus jaarlijks beklimmen miljoenen Chinezen nauwe, woeste bergweggetjes, op weg naar het graf van hun grootvader, overgrootvader, en nog verder terug. Ooit zag Anson, de 18-jarige student die op 30 maart nog mijmerde over de kracht van metaforen, zijn grootvader naar huis teruglopen met bebloede handen omdat het onkruid zo stekelig was geweest. Naast het schoonmaken is het traditie dat je speciaal bereid eten naast het graf neerzet, om de voorvaderen te voeden. En je moet geld verbranden, of eigenlijk is het een soort transsubstantiatie-Western-Union-gebeuren, want de voorvaderen kunnen dat verbrande geld gebruiken om in de hemel een upgrade te bedisselen. Dit jaar is een bijzondere editie; de regering heeft strenge regels opgesteld die voorkomen dat veel mensen bijeenkomen. Dit jaar heeft de familie van Anson een werkman ingehuurd om het onkruid weg te halen. En dit jaar wordt er dubbel gerouwd: ook voor de landgenoten die zijn bezweken aan het virus. De vlaggen hangen halfstok. Het publiek is stil, luchtalarmen blèren, auto's, treinen en schepen toeteren en toeteren. In engelen geloven ze niet in China.

In veerkracht van het volk des te meer. Nu de grafiek van het virus gebroken is, de verhitting bekoeld, versoepelt de Chinese regering de maatregelen. Mensen gaan weer naar hun werk. Iedereen draagt nog maskers, al is dat volgens president Xi Jinping buiten of in goed geventileerde ruimten niet nodig. Maar zo'n masker, dat voelt gewoon veiliger. Bij elk groot gebouw wordt je temperatuur opgemeten. Mensen thuis ontvangen is nog niet toegestaan. Bars en restaurants proberen uit alle macht mensen binnen te krijgen, elk uur happy hour, sommige bars schenken gratis bier tussen acht en tien uur 's avonds.

De Europese curven worden vlakker; minder besmettingen, minder ziekenhuisopnames. Dalende trends in Italië en Spanje. In Nederland schijnt de 'piek op de ic's' voorbij te zijn. (Inmiddels zitten we op 1700 geregistreerde coronadoden, bijna 7000 patiënten die opgenomen zijn of zijn geweest, en 1300 patiënten op de intensive care.) In Denemarken gaan crèches, kleuterscholen en basisscholen vanaf 15 april weer open. In Oostenrijk zullen vanaf 14 april kleine winkels weer opengaan. In Tsjechië mag je sommige sporten weer beoefenen. China rapporteert de eerste dag zonder coronadode sinds januari.

Wereldsteden die in coma zijn geraakt, die in een sukkelslaap zijn gevallen, die weer ontwaken. Ik durf die zin nauwelijks op te schrijven, zo breekbaar is de hoop. Ik laat hem staan. Een verzetsdaad, voor wie het zien wil.

In Wymondham kijken George en Clarissa, die kennis hebben genomen van de schokkende berichten over duizenden doden in Londen, naar de toespraak van hun koningin. Ze horen de echo's van de speeches uit de Tweede Wereldoorlog en begrijpen de lessen, de toespelingen op doorzettingsvermogen en hoop. We zullen elkaar weerzien, zegt zij.

Maandag 6 april (dag 142)

Auteursrechtenorganisaties Buma Cultuur en Sena roepen radiostations op om de komende tijd zo veel mogelijk Nederlandse muziek te draaien, om onze muzikanten tegemoet te komen. Alleen maar Neerlandse muziek. Blijft ons dan niets bespaard?

Unrelated news: Donald Trump Jr. binget, net als de rest van de wereld, de Netflix-serie *Tiger King*. Maar zijn conclusies zijn anders dan die van de meeste kijkers. In een interview met FOX, terwijl zijn vrouw naast hem zit, begint Don Jr. te mijmeren: 'Wie wist dat een tijger tweeduizend dollar kost? Ik bedoel, het is veel geld, maar... het is wel een tijger. Zou dat niet cool zijn, om een tijger in huis te hebben?' Misschien voor zijn verjaardag vragen, aan papa.

In de Bronx Zoo van New York is tijger Nadia positief getest. Ze hoestte, hijgde en begon minder te eten. Dierenartsen verwachten dat ze volledig zal herstellen.

Om twaalf uur in de middag gaat, zoals op elke eerste maandag van de maand, het luchtalarm. Mijn eerste reflex: op naar de atoomkelder.

Ondertussen bevindt Mano zich niet meer op straat. Hij zit in een inloophuis; een sporthal waar daklozen worden opgevangen. De bedden staan zo'n vijf meter van elkaar, het is schoon, het eten is goed, de behandeling is uitstekend. Iets verderop ligt zijn Iris. Ze zwaaien naar elkaar en roepen dat ze van elkaar houden.

In Berlijn neemt Jan afscheid van zijn moeder, Cis. Via Zoom, want vanwege de quarantainemaatregelen in Duitsland kan hij niet zomaar naar haar bejaardentehuis in Weesp rijden. De tussenpersoon is Jans zus, die bij hoge uitzondering is toegelaten in het tehuis. Ze draagt een FFP-masker, een kunststof beschermbril, rubberen handschoenen en een plastic schort. Jan en zijn kinderen zingen 'Een roosje m'n roosje', van Conny Vandenbos (1974). Jans zus streelt hun moeder met haar handschoenen. Cis is geboren in 1931, een tijd van crisis en naderende oorlog. 'Het kon alleen maar beter worden', zal in haar rouwadvertentie staan. Cis was een verwoed beoefenaar van de kalligrafiekunst. Met een geduld dat niemand van haar kende, stilzwijgend en vastberaden, zocht ze naar de perfect geschreven letter. Vijf dagen geleden kreeg Cis hoge koorts, en ademnood. Ze was oud, dement, maar toch; nooit dacht Jan dat het afscheid van zijn moeder zo zou verlopen, via een scherm, opgehouden door een gemaskerde zus, nooit dacht Jan dat de laatste handeling die hem aan zijn moeder bond het wegklikken van een digitaal venster zou zijn. Ze zal een dag later overlijden, alleen. Zodra haar lichaam de kamer wordt uit getild, wordt die leeggeruimd, om plaats te maken voor andere coronapatiënten van het tehuis.

Het kon alleen maar beter worden. Dat dacht schrijver Ayelet Tsabari ook jarenlang, in haar appartement in Tel Aviv, de stad die ze in Israël 'De Bubbel' noemen. Maar vandaag loopt Ayelet, uitgerust met een masker en handschoenen, door de gang naar de voordeur; ze kijkt door het spionnetje, een gemaskerde motorrijder zwaait en verdwijnt. Ze doet de deur open en pakt de kartonnen doos met boodschappen en snelt terug naar haar appartement. Ayelet was zeventien toen haar stad, tijdens de Eerste Golfoorlog, werd geraakt door raketten. De paniekerige, bedrukte sfeer, het stilvallen van de stad – ze herkent het allemaal van toen. Ze sloegen eten in, bedekten de ruiten met kranten en tape en bleven binnen. Terug in haar appartement veegt Ayelet elk aangeschaft product schoon met een antibacterieel doekje, de groente spoelt ze af met water en zeep. Ze herinnert zich nog hoe haar moeder haar en haar broertje omhelsde, ze leek zo kalm, terwijl de kleine Ayelet de bandjes van haar gasmasker zo strak aantrok dat haar kin de volgende dag beurs was. Nu probeert ze die kalmte van haar moeder, hoe gespeeld die ook moet zijn geweest, na te bootsen voor haar zesjarige dochtertje. Maar het werkt twee kanten op: als Ayelet en haar dochtertje dansen of tekenen, kan ze zichzelf wijsmaken dat er niet zoveel aan de hand is. Ouder en kind zijn aan het spelen. Zo simpel is het.

Gestommel op de trap, een sleutel wordt in het slot van mijn deur gestoken. Het is M. Ze heeft weer Zoomcollege. Ter voorbereiding schenkt ze spätburgunder in mijn *Curb Your Enthusiasm*-mok, om straks clandestien van te nippen. Haar klasgenoten willen niet te veel zeggen over de situatie in New York. Ze moet maar blij zijn dat ze in Nederland is, zeggen ze. Op de mok staat een streep. Boven de streep: half empty. Eronder: half empty. Die nacht heeft M. haar eerste socialdistancingdroom. Een naamloze man beëindigt de relatie die hij met haar heeft, maar houdt daarbij keurig de voorgeschreven anderhalve meter in acht.

Dinsdag 7 april (dag 143)

In Sommelsdijk overleeft de 107-jarige Cornelia Ras het virus. Het spande erom. Een nichtje tegen de lokale omroep: 'We dachten eerlijk gezegd niet dat tante Cor het zou halen.' We hadden beter moeten weten. Tante Cor heeft ook de Spaanse griep doorstaan. Anderhalf uur rijden naar het oosten, in Beek en Donk, heeft de 29-jarige (!) Guus het niet gered. Stefanie zag hem vroeger weleens, ze kwamen in hetzelfde café, dezelfde platenzaak, als ze aan hem denkt, ziet ze een energieke, sportieve jongen voor zich. Hij had geen andere kwalen. Guus' twee jaar oudere broer ligt ook op de ic. De vader ligt ook in een ziekenhuis. De moeder heeft het ook, maar kan 'thuis uitzieken', lees ik. Over welk thuis hebben we het intussen?

M. krijgt bericht dat een student aan haar universiteit in New York aan het virus is overleden.

Een maand geleden kenden we mensen die mensen kenden die mensen kenden die. Nu kennen we mensen die mensen kennen die. Over een tijdje kennen we mensen die. En als het tegenzit worden we mensen die.

'S Avonds: een persconferentie van onze premier. M. en ik gaan ervoor zitten, een opengeklapte laptop op tafel, bakjes vietnamees eromheen. Hoewel Rutte zegt geen ingrijpende maatregelen te zullen aankondigen, schrik ik van wat hij daarna zegt. Hij heeft het niet langer over uitzonderlijke maatregelen, maar over een nieuwe standaard: de anderhalvemetersamenleving. Over een nieuwe wereld, waarin we elkaar niet zomaar kunnen aanraken, niet naast elkaar kunnen zitten; restaurants zullen er rekening mee moeten gaan houden, bioscopen, theaters, cafeetjes. Iedereen in zijn eigen ziektevrije bubbel van anderhalve meter. We zullen het veiligheid noemen. En zullen we dan coronapaspoorten bij ons moeten dragen, compleet met postcode en ziektegeschiedenis? Winkelen op gezette tijden, maskertje op? Krijgen we een openbare ruimte vol tussenschotten, linten, strepen op de grond? Hoe *openbaar* is die ruimte dan nog?

Tweede zorgwekkende punt van het persmoment is afkomstig van Hugo de Jonge (CDA): hij kondigt twee apps aan die we massaal kunnen gebruiken. (Dit betekent, al wordt dit niet met zoveel woorden gezegd, een wijziging van de strategie. Van quarantainemaatregelen zullen we binnenkort gefaseerd overstappen op een strategie van detectie en isolatie, zoals in Duitsland al gebeurt.) De ene app is bedoeld om makkelijker in contact te komen met artsen. Prima. De tweede is een app die ons waarschuwt als we te dicht in de buurt komen van besmette anderen; eenzelfde app is in gebruik in China, al zegt de minister dat er niet bij. Het gaat dus vooral om locatiedata: de overheid zou dan mogelijk kunnen zien of je uit een zogenaamde besmettingshaard komt. Ze zou ook kunnen zien of er ergens samenscholingen plaatsvinden, en daarop handhaven. Italiaanse, Duitse, Oostenrijkse en Belgische telecombedrijven hebben al ingestemd met het delen van locatiedata. KPN, Vodafone-Ziggo en T-mobile hebben verklaard dat ze die gegevens zullen delen als daarom wordt gevraagd.

Maar ik begin me pas echt zorgen te maken bij het vragenrondje, in het bijzonder bij twee vragen uit het publiek. Vraag één: *wie kan daar allemaal in meekijken?* Antwoord: de regering zal er alles aan doen om onze privacy te waarborgen, en we moeten ze maar vertrouwen. Vraag twee: *is het gebruik van de apps verplicht?* Antwoord: ze moeten massaal gebruikt worden, en de regering hoopt dat verplichtstelling niet noodzakelijk is. Wat betekent dit? Dat de regering het gebruik zal verplichten als het nodig is, wat filosofisch gezien precies dezelfde stap is als het verplichten an sich: privacy wordt ondergeschikt gemaakt aan de volksgezondheid. Al met al is wat ik hoor: *jullie moeten ons vertrouwen, en als jullie dat niet doen, zullen we jullie verplichten dat te doen*.

Onlangs werd Mikko door twee agenten staande gehouden voor zijn huis. Hij droeg een plaat die hij wilde gaan beschilderen. De agenten zeiden dat er een noodverordening van kracht was. Dat hij niet zomaar op straat mocht zijn. Pas toen hij weer binnen was, dacht hij: wacht even, volgens mij is er helemaal geen noodverordening van kracht. Op zijn laptop leest hij dat het land is onderverdeeld in vijfentwintig veiligheidsregio's, die onder leiding staan van zogenaamde 'superburgemeesters', die tijdens deze crisis niet worden gecontroleerd door de gemeenteraad. Het lijkt Mikko niet legaal. Maar ja, het gebeurt wel.

'S Avonds, in bed, hoor ik iemand op straat door een megafoon zeggen: anderhalve meter, let op, anderhalve. Een agent? Iemand van *handhaving*? Een droom?

Woensdag 8 april (dag 144)

De felste coronadiscussie in Nederland van deze week, die gaat over wie we als puntje bij paaltje komt redden, laat zich illustreren aan de hand van twee mensen. In de ene hoek van de ring: Bert Wagendorp. In de andere hoek: Asha ten Broeke.

Het standpunt van Wagendorp: 'Ik vind (in principe) dat iedereen over zijn eigen lichaam gaat. Roken, drinken, schransen, *be my guest*. Althans, tot een van mijn geliefden dringend een ic-bed nodig heeft en die allemaal zijn bezet door zwaarlijvige coronapatiënten.' In het kort: Wagendorp heeft zijn principes hoog in het vaandel, totdat ze op de proef worden gesteld. Als er gekozen moet worden tussen dierbaren en ongezonde mensen, is het voor Wagendorp een uitgemaakte zaak. (Afgeleide vraag: zijn al zijn dierbaren dan gezond?)

In de andere hoek: columnist Asha ten Broeke, die een gevaarlijke trend constateert. 'Het begon misschien bij de vaststelling hoe fijn het was dat er aan het coronavirus zelden jonge en gezonde mensen sterven,' schrijft ze. Een tijdje later vroeg een grote krant aan twee filosofen wie er voorrang zouden moeten krijgen bij een tekort aan bedden op de intensive care. Ten Broeke: 'Hun antwoord: jonge en fitte mensen. Zeg maar: de sterksten. En zwakkeren niet. Het is verontrustend hoe snel dat ging: van slachtoffer naar offer. Hoe de deur bijna achteloos op een kier ging voor sociaal-darwinisme.' Ze maakt zich kwaad: 'Hoe durven jullie? Dikke, zieke, oude, gehandicapte mensen leven altijd met uitsluiting en discriminatie. En nu, in deze bange tijden, komen jullie – geen artsen, maar columnisten, filosofen – speculeren of je ons categorisch moet uitsluiten van mogelijk levensreddende zorg?'

Maar Ten Broeke, die natuurlijk onze sympathie heeft, gaat voorbij aan de dagelijkse realiteit: als er maar beperkte ruimte is, móéten er keuzes gemaakt worden. En inderdaad, zoals ze zegt, door artsen, niet door stukjesschrijvers. Maar artsen kiezen óók, zij maken diezelfde afweging: welk leven is waardevoller? Sterker nog, artsen in de VS, Groot-Brittannië en Italië doen dit op dagelijkse basis, en meestal in het nadeel van de fysiek beperkten.

In Engeland ontving rolstoelgebruiker en *queer femme* Imogen Fox vorige week een brief van het fonds dat de verzorging van haar vrouw en haarzelf mogelijk maakt. De laatste weken belden de mensen van het fonds vaker, om even te checken hoe het ging. Maar dit telefoontje was anders. Het was geen check-in, maar een aanzegging. Als de zorgmedewerkers door het virus niet naar hun werk konden, zouden Imogen en haar vrouw in een verzorgingshuis worden geplaatst. Dit tehuis zou overal in het land kunnen staan, en de kans dat ze samen zouden kunnen gaan, was klein. Een dag eerder stuurde een arts in Wales al een bericht naar haar 'risicopatiënten', of ze een bevel om niet te reanimeren wilden ondertekenen, voor het geval er in de ziekenhuizen gekozen moest worden. 'We zullen jullie niet in de steek laten, maar we moeten ook eerlijk en realistisch zijn,' stond in de brief. Ze wilden toch ook geen last worden voor hun familie?

Het is een onbevredigende wedstrijd, tussen Asha en Bert. Waarom? Omdat ze allebei winnen en allebei verliezen.

Zoals ik het zie, zijn er drie gronden waarop iemand zou kunnen beslissen waarom het ene leven 'waardevoller' is dan het andere.

Manier één: je redt degenen die het nuttigst zijn voor de samenleving, die in economische termen het meest 'opleveren', die in militaire zin de beste soldaten zijn, die nog ouders kunnen worden, voor wie de meeste 'vruchtbare' jaren in het verschiet liggen. Laten we dit de 'economisch rationele' manier noemen. (Die op zichzelf al extreem gecompliceerd is: hoe zou je bijvoorbeeld de *waarde* van wijlen Stephen Hawking, genie én rolstoelgebruiker, hebben moeten meten?) Wagendorp neigt naar deze manier. De meeste doktoren trouwens ook. Manier twee: je redt degenen die nog de meeste jaren voor zich hebben, niet omdat ze dan meer betekenen voor de economie, maar omdat ze dan nog het meest van het leven kunnen 'genieten'. Laten we dit de 'nobele' manier noemen. Ik denk dat de meeste romantici hiernaar neigen. Manier drie: loten. Laten we dit de 'eerlijke' manier noemen. Het nadeel hiervan: na de crisis blijven er relatief veel zeer oude mensen in leven, terwijl dertigers en veertigers sneuvelen. Economisch gezien is dit problematisch, misschien wel catastrofaal.

Maar Ten Broeke doet alsof we, als we blijven inzetten op begrippen als 'solidariteit' (die iedereen onderschrijft maar waarvan niemand weet wat er concreet mee wordt bedoeld), nooit een keuze hoeven te maken. Alsof in de publieke ruimte een gesprek voeren over de (door artsen) te maken keuzes al immoreel is. Wishful thinking: dat gesprek wórdt gevoerd, door politici en medici. We kunnen doen alsof artsen alleen maar reddende engelen zijn. Maar in crisistijden hebben ze een nog veel moeilijker mandaat: ze zijn parttime engel, parttime beul. En ik ben maar al te blij dat ik geen bijl in handen heb gekregen.

Dan is er ook nog de ingewikkelde vraag: wie is precies zwak? Is Boris Johnson 'zwak'? Hij is 55 jaar oud en weegt meer dan doktoren zouden aanbevelen. En hij ligt sinds eergisteren op de intensive care. Een zeer alarmerende ontwikkeling. Als de koning bloedt, is niemand veilig. Vooralsnog houdt de hofhouding de bloedspetters weg van het publiek; niemand weet hoe goed het met hem gaat, dat wil zeggen, hoe slecht.

In Rotterdam heeft Elfie, wier vader hartpatiënt en wier moeder borstkankeroverlevende is, een gesprek met een vriendin, die zegt dat ze gelooft in de kracht van haar afweersysteem. Elfie zegt: wat goed van je. Elfie denkt: de gore arrogantie.

’s Middags zie ik door mijn raam een oud vrouwtje over een stoepje struikelen. Drie mensen kijken toe hoe ze opkrabbelt. Zij hebben zich keurig aan de regels gehouden.

In Noord-Brabant is het moment aangebroken dat Laura, M.’s beste vriendin, afscheid moet nemen van haar dierbare oma. De afgelopen dagen zat Laura vaak voor het raam van de binnenplaats van het tehuis, die steeds voller oogde: een voor een werd iedereen op de afdeling van Laura’s oma doodziek. Daar zat Laura, te zwaaien, soms leek oma haar nog te herkennen. Nu is ze te versuft door de morfine. Laura trekt het aseptische pak aan dat ze heeft gekregen van haar tante, een huisarts. Een gezichtsmasker heeft Laura nog uit haar studietijd in China. De rest van de bezoekers krijgt überhaupt geen bescherming. Door het tekort aan medische beschermingsmiddelen kan het tehuis alleen latex handschoentjes bieden. Het krakende geluid van het plastic, de steriele geur. Misschien, schrikt Laura, heeft het echte afscheid al plaatsgevonden, lang geleden, toen er nog niks aan de hand leek. Als niemand kijkt, legt ze haar hand op de arm van haar oma. Dan ziet ze, naast de stoel, de sjaal liggen die oma aan het breien was. Laura gaat zitten, pakt twee breinaalden en gaat verder waar oma is gestopt.

De Amerikaanse zanger John Prine is overleden, lees ik. Aan corona. Dat was nog eens een chroniqueur. Eerlijke, directe muziek, brok-in-de-keelmuziek, automuziek, klusmuziek. Albumtitels als *Diamonds in the Rough*, *Sweet Revenge* en *Common Sense*. Zijn beroemdste lied: 'Hello in There' (1971). Enkele zinnen: 'Ya' know that old trees just grow stronger. And old rivers grow wilder ev'ry day. Old people just grow lonesome. Waiting for someone to say, "Hello in there, hello".'

Donderdag 9 april (dag 145)

Ik lees te veel, maar het voelt als niet genoeg. Al die onrustbarende statistieken: deze bijvoorbeeld, dat ongeveer 20 procent van de Nederlanders die deze week overleden, stierf aan corona. Elk klein berichtje is mogelijk van grote betekenis. Elke dag worden nieuwe studies gepubliceerd. Deze ziet er interessant uit. Voorheen gingen wetenschappers ervan uit dat je óf besmet werd door het virus, óf niet. Zo ja, dan maakte je hopelijk antistoffen aan en werd je immuun. Het werd dus voorgesteld als een binair verschijnsel, een nulsomspel, zwart of wit. Berichten uit medische vakbladen lijken er nu op te wijzen dat de mate waarin je bent blootgesteld aan het virus, dus *hoeveel virus* je in je bloed hebt, van grote betekenis is voor de hoeveelheid antistoffen die je aanmaakt, en dus ook voor *hoe immuun* je bent. Als een lichaam is blootgesteld aan een virus, vindt er een strijd plaats, een 'Kampf', zoals de Russische immunoloog Ilya Metchnikoff dat (in Duitse vertalingen van zijn boek) noemde; een loopgravenoorlog, elke dag een paar meter winnen, dan weer een paar meter verliezen. Er is niks binairs aan.

Eerdere virussen, zoals aids, SARS en de mazelen, lijken Metchnikoff gelijk te geven. Bij SARS hadden patiënten die een heftige virale blootstelling hadden gekend, veel meer kans om eraan te overlijden. (Ongeacht leeftijd en eerdere aandoeningen.) Hetzelfde geldt voor de mazelen: hoe hoger de dosis virus, hoe lager je overlevingskans, maar ook: hoe talrijker je antistoffen áls je het redt.

Nieuwe studies naar het coronavirus lijken aan te tonen dat patiënten met ernstige klachten gemiddeld zestig keer meer virus in hun bloed hadden dan patiënten met milde klachten. Het zou de hoge aantallen ernstig zieke artsen, ambulancebroeders en buschauffeurs verklaren. Dit is zorgwekkend, omdat het potentieel een bom legt onder de Nederlandse strategie van 'groepsimmuniteit'. Als iedereen die last heeft gehad van milde klachten maar een beetje antistoffen aanmaakt, dan zijn we over een tijdje dus ook niet helemaal immuun, en zouden we zomaar opnieuw besmet kunnen worden.

Ik vertel niemand van dit nieuws, dat misschien geen nieuws is, laat het geen nieuws zijn. Zoveel berichten, duizenden per dag, en je kunt niet inschatten of het vervliegt of je gehele leefwereld zal veranderen.

Bericht van mijn goede vriend Jesse, die nog altijd op het eiland Rarotonga zit, samen met vrouw Renée en zoontje Oscar, te wachten tot hij weg mag, geen idee wanneer. De buren geven hun voortdurend avocado's en bananen, meer dan ze op kunnen. Oskarchen vermaakt zich goed. Gisteren heeft hij samen met zijn vader tegen een boom geplast.

Foto's van verlaten straten overal ter wereld, en dieren die beduusd op het asfalt staan, om zich heen kijkend, als kinderen die elk moment kunnen worden teruggefloten door hun ouders. Eenden, eekhoorns, zeeleeuwen, honden, bavianen, buffels. In de A van de Haarlemse IKEA hebben vogels een nest gebouwd. Ik zie alle dieren, behalve mensen. Steden zijn ingenieuze, indrukwekkende, door ons geschapen leefwerelden, die net zomin slechts uit beton, hout en glas bestaan als bijennesten uit fijngekauwd hout, bijenspeeksel en was. Nee, een nest bestaat óók, en misschien wel vooral, bij de gratie van de bijen die de juiste materialen bij elkaar hebben gezocht, en die de hele dag rondscharrelen om het bouwwerk draaiende te houden. Zo bestaat een stad bij de gratie van de mensen die haar bewandelen, die zich door haar heen verplaatsen, die haar leven inblazen. Daarom schokken de foto's van spooksteden ons zo. Omdat spooksteden er niet langer uitzien als steden, maar als mausolea.

De grimmigste spookstad van allemaal: New York. De afgelopen weken hebben bijna zeventien miljoen Amerikanen een werkloosheidsuitkering aangevraagd. Het zullen er alleen maar meer worden. Met andere woorden: men zou een Nederland kunnen stichten met alleen maar werkloze Amerikanen. Laten we het 's werelds eerste *coronation* noemen. In een ziekenhuis in Samut Prakan (Thailand) krijgen pasgeboren baby's een minigezichtsmaskertje op, met een kroontje erop. Als stichter van de coronation zeg ik: een kroontje voor iedereen. In sommige Spaanse ziekenhuizen worden pasgeboren baby's weggehaald bij hun moeder, als ook maar het vermoeden bestaat dat zij besmet is. Soms duurt het dagen voordat moeders hun kind voor het eerst kunnen aanraken. Dat zouden wij in onze coronation nooit toestaan. Op dagen als deze, waarop ik niemand spreek, worden mijn gedachten poreus. Soms weet ik niet of ik iets denk of dat ik iets zeg. Dus schrijf ik het maar op.

M. vergelijkt dit vacuüm waarin wij leven, deze dagen zonder morgen, de toekomst opgeschort, met de kindertijd. Ons wordt verteld wat we wel en niet mogen, we kunnen buiten spelen maar niet te lang, de dagen lijken op elkaar, uren kunnen een dag duren en een week is zo voorbij. We zijn kinderen die huur betalen.

Op straat hoor ik iemand zeggen dat we een nieuwe fase zijn in gegaan. Maar wat betekent dat? Wat zijn *fasen* anders dan kunstmatige ingrepen in eindeloze, vloeibare tijd? De klokken doen het nog, maar waarom eigenlijk? Lange tijd, dradige tijd, langdradige tijd, uitgefaseerde tijd. Nee, zeg ik tegen mezelf. Er is een begin geweest, er zal een eind zijn.

Vrijdag 10 april (dag 146)

Witte rook! Een Europees akkoord! En dat na onderhandelingen die eerst muurvast zaten, tussen het Noorden en het Zuiden. Het Zuiden, vertegenwoordigd door Italië, vond dat het Noorden, vertegenwoordigd door Nederland, zich krenterig en weinig solidair toonde, en dreigde ‘aan de verkeerde kant van de geschiedenis te gaan staan’, in de woorden van Mario Monti, premier van Italië tijdens de financiële crisis in 2012. Het Zuiden wilde steun, het Noorden wilde garanties dat die steun goed besteed zou worden. Het Zuiden wilde renteloze leningen, voor tijdens deze volksgezondheidscrisis, maar ook voor het economische herstel erna. Dat ging zomaar niet, vond onze minister van Financiën, Wopke Hoekstra (CDA). Wopke eiste dat de begrotingen van de lenende landen wél op orde moesten worden gebracht. Bezuinigen dus, besparen op het pensioenstelsel, op ontslagregelingen en de sociale zekerheid.

Het compromis waar Noord en Zuid op uitkwamen: landen kunnen nu zonder voorwaarden lenen uit het Europees noodfonds, het Europees Stabiliteitsmechanisme (ESM), maar voor de economische wederopbouw zullen de normale rentes en regels gelden. Onze Wopke was in zijn nopjes; geen gezamenlijke schuldopbouw dus. En de ‘innovatieve financiële instrumenten’ waarover in het akkoord wordt gesproken, die de Franse minister van Financiën Bruno Le Maire wel degelijk lijkt te interpreteren als de eerste stap naar een gezamenlijke schuldenpot? ‘Dat is zo vaag geformuleerd dat we ons er geen buil aan kunnen vallen,' zegt Wopke trots. Een onbegrijpelijk nonchalante manier om te spreken over een breuklijn tussen de verschillende EU-lidstaten, een breuklijn die wellicht zal uitgroeien tot een scheur.

'Er moest een hoog bedrag uit komen,' zegt Wopke over de 500 miljard euro die de lidstaten in het noodfonds hebben gestopt. 'Sommige landen hadden dat nodig.' Sommige landen. Niet wij. De anderen. De NOS schrijft dat dit bedrag 'een beetje op de achterkant van een bierviltje is uitgerekend'. Zo regeert het Noorden vooralsnog over het Zuiden. Met bierviltjes en ernstige woorden waar we elk moment onderuit kunnen.

Het paasweekend van 11–13 april (dagen 147–149)

Windstille, warme dagen. Lentedagen, langzame dagen. De tijd heeft koortsgrillen. Hier staat hij stil, in de Verenigde Staten draait hij overuren, wijzers racen voort, cijfers lopen op, mensen zitten vast in het heden, kunnen niet nadenken over de toekomst, dwalen rond in herinneringen, en fantaseren over veilige parallelle levens.

In New York, in zijn steeds kleiner aanvoelende appartement, hoort David aan hoe *local officials* opscheppen dat het aantal ziekenhuisaanmeldingen aan het afnemen is. Maar niemand weet hoeveel mensen ziek zijn, hoeveel er zijn gestorven. Het enige dat je weet: het zijn er meer dan je weet. Het enige dat duidelijk is: dat er ontzettend veel onduidelijk blijft. Gisteren, op zijn dagelijkse persconferentie, gaf Trump aan te twijfelen tussen het land weer 'opengooien' om de economie de kans te geven zich te herstellen of de quarantainemaatregelen in stand houden, om de wetenschappers tegemoet te komen. (Een valse tegenstelling, maar goed.) 'Ik moet een beslissing nemen en ik hoop bij God dat het de juiste zal zijn,' zei de president, hardop, tegen zijn landgenoten maar vooral tegen zichzelf. De laatste dagen heeft David (zeker toen hij het aan zijn darmen begon te krijgen) geprobeerd om een recept te krijgen voor het alom gehypete, door Trump aangeraden en door artsen afgeraden antimalariamiddel hydroxychloroquine. Niet omdat hij Trump nou zo vertrouwt, maar omdat hij zijn eigen lichaam wantrouwt. Baat het niet, dan schaadt het niet. Maar geen enkele dokter wil het David verstrekken, ook de neef van zijn vrouw niet. Zelfs aan de middelen die toch niet werken is blijkbaar een tekort. David neemt zich voor om over een paar dagen, zodra het geen argwaan meer zal wekken, symptomen te verzinnen. Hij loopt maar weer naar zijn raam, kijkt naar buiten. Hij nam altijd aan dat hij een van die mensen zou zijn met een villa in de heuvels, of met vrienden die hem zouden redden, iemand met connecties en sluiproutes. Dan sluit hij de gordijnen.

Passover is bijna voorbij, maar de engel des doods is niet voorbijgevlogen. Iets verderop, op Hart Island, vlak bij The Bronx, worden extra graven gedolven. (Normaal worden daar overledenen zonder naaste familie begraven.) Bulldozers, mannen in witte pakken, met passen en meetlinten, een gemiddelde Amerikaanse kist is 213 centimeter lang. Kranten noemen het een massagraf.

In Peru heeft de president de lockdown verlengd, tot 26 april. De spertijd blijft aan, van 18.00 tot 05.00 uur. Yvonnes hond Lola is niet teruggekomen, noch gevonden. Een vriendin van Yvonne is naar Nederland vertrokken, na tweeëntwintig jaar in Peru, de allerlaatste stoel op een humanitaire vlucht, LiM-AmS, haar ticket betaald door een kerkelijke stichting. Dus daar ging de vriendin, in de vroege ochtend, onder militaire begeleiding, naar het militaire deel van het vliegveld. Als ze aankomt in Nederland zal ze geen huis hebben, haar bruggen heeft ze jaren geleden al verbrand. Maar liever ziek in Holland dan in Peru. Yvonne heeft haar een adresje gegeven waar daklozen gratis een treinticket kunnen krijgen. En dan naar Leiden, waar ze ooit woonde, in een ander leven.

Zou Yvonnes vriendin haar geboorteland nog herkennen, zou ze ons gedrag kunnen plaatsen? In Deurne, Nuenen, Almere, Rotterdam en Groningen worden 5G-zendmasten in de fik gestoken. (In Groot-Brittannië vonden deze maand al honderd van zulke incidenten plaats.) De reden? Een internetcomplottheorie die zich snel verspreidt, ze waart al rond in dertig landen. De kern van de theorie is dat de radiogolven verstuurd door 5G-technologie onze lichamen zou verzwakken en ons kwetsbaar zou maken voor het virus.

Maar er gaan ook andere verhalen. Over multinationals, biowapens, kwaadaardige overheden, een vooropgezet plan van Bill Gates. *Plandemic!* roepen de believers, *Scamdemic!* De rest van ons schudt het hoofd. *Maar hoe weet je zeker dat het onzin is?* vragen de believers dan. *Staat de we-*

reldgeschiedenis niet bol van de ongeloofwaardige feiten? Als het onzin was zouden toch niet zoveel mensen erover praten? Grote techbedrijven als Facebook en YouTube doen hun best om de onzin van hun platforms te verbannen. Hm, zeggen de believers, *wat willen ze niet dat we zien?*

Ongeveer een derde van de bekende coronagevallen in India zou te herleiden zijn tot een grote bijeenkomst van moslims, begin maart in Delhi. Toeval, of een groot islamitisch complot? Op social media verschijnen termen als *coronajihad*. De producten van moslims worden geboycot, ze worden dorpen uit gejaagd of aangevallen met cricketbats.

Niets is zo eng als een vijand zonder gezicht. Dus verzinnen we die gezichten maar zelf. We verven kwaadaardige ogen op gebouwen, die we vervolgens in de fik steken. We wijzen naar de gezichten van de ander, die we niet goed kunnen lezen. We wijzen en roepen, we slaan en schoppen. Alles beter dan een vijand zonder gezicht.

In Den Haag moet Ayla, die haar angst over de kwetsbaarheid van jonge mensen enigszins aan het verliezen is, zich er maar overheen zetten dat de familie Pasen dit jaar al videobellend viert; het was haar voorstel, Ferdi sputterde tegen, toen hebben ze maar gekibbeld over het schoonmaken van de badkamer. Ayla doet de afwas, en denkt na over dat deel zijn van de geschiedenis niet chill is, omdat het heden altijd onzeker is, het is pas 'leuk' als het heden daadwerkelijk geschiedenis is geworden. Als ze, over een jaar of vijf, met z'n allen picknicken in het Zuiderpark, misschien wel met een baby van haar en Ferdi erbij, en dat iemand dan zegt: 'Weet je nog toen we Pasen online moesten vieren vanwege de coronacrisis?' Ja, dat zou leuk zijn, denkt ze, terwijl ze de afgewassen borden droogt. Tot die tijd er maar het beste van maken. Een dag of periode is nooit helemáál kut, zegt ze tegen zichzelf. In gedachten somt ze de hoogtepunten van de dag op: een goede film gekeken, Ferdi gepest, en o ja, ze heeft haar benen geschoren in een onberispelijk schone badkamer.

Onze Componist des Vaderlands, de in Griekenland geboren Calliope Tsoupaki (56), viert Pasen online met haar 91-jarige Griekse moeder in Piraeus. Samen luisterden ze naar de traditionele Grieks-orthodoxe liturgie, de klanken uit haar jeugd.

In Vaticaanstad houdt paus Franciscus een paaswake in een lege Sint-Pieter. Vorige maand bad hij voor zijn priesters, opdat ze de moed zouden hebben om naar buiten te gaan en de zieken te bezoeken. In Italië ontsmetten de priesters tegenwoordig hun kruizen en bidden ze achter maskers. De paus ziet parallellen tussen het Bijbelverhaal van Jezus en de coronacrisis: 'Toen kregen mensen ook te maken met een onverwachte tragedie die zich plotseling voltrok.' (Maar goed. Zo bezien zijn er ook parallellen te vinden tussen het Bijbelverhaal van Jezus en de release van het coronalied.) Mijn broertje gaat op bezoek bij mijn ouders. Mijn vader zegt dat hij geen eieren heeft verstopt, maar dat niet uit te sluiten valt dat er ergens een ei van jaren geleden ligt te rotten. Naar de paus heeft hij niet gekeken. Naar Andrea Bocelli evenmin. De tenor stond in een lege kathedraal van Milaan, zijn uithalen scheerden ongehinderd langs heiligenbeelden, en bleven nog even rondgaan in de koepels en tussen de spitsbogen.

Op paasmaandag ga ik langs bij mijn neef Elias. Rosa en Bibi stuiven op me af, maar remmen op het laatste moment af. 'Goed zo,' zeg ik. 'Niet aanraken.'

Maar als ik met hun ouders praat, prikken de kleintjes herhaaldelijk met hun vinger in mijn bil.

'Dat mag niet!' roep ik zo autoritair mogelijk.

Ze doen het opnieuw, rennen giechelend weg.

'Misschien is mijn bil wel besmet!' roep ik ze na.

Zodra ik weer met Elias in gesprek ben, voel ik weer een prik in mijn bil.

'Nee!' roep ik. 'Nee, nee! Dat mag niet van de premier!'

Ik loop terug naar huis. Mijn wollen schoudertas laat ik tegenwoordig vaak thuis. Ik voel me niet langer een jager-verzamelaar op strooptocht: de schappen in de supermarkt zullen niet leegraken. (Alleen bloem is overal uitverkocht; iedereen is als een gek zuurdesembrood aan het bakken.) En het provisorische ontsmettingscentrum in het halletje heb ik inmiddels ontmanteld. Geen jager-verzamelaar, maar een verslaggever ben ik uiteindelijk geworden.

14–16 april (dagen 150–152)

Op straat wordt gepraat, gefluisterd, geroddeld over een versoepeling van de maatregelen. In kranten verschijnt het woord 'exitstrategie' steeds vaker. Maar het is moeilijk te bepalen of er sprake is van een gerechtvaardigde verwachting of dat men gewoon genoeg heeft van hulpeloosheid en verveling. Winkels, bioscopen en theaters smeken of ze weer open kunnen, want hun omzet is grotendeels verdwenen, terwijl de huurkosten doorlopen. Bij elke gelegenheid die hij krijgt, tempert Rutte ons optimisme. Duitsland heeft zijn maatregelen verlengd, net als Frankrijk.

In de VS roept Trump mensen op om, tegen het advies van zijn wetenschappers én het beleid van veel gouverneurs in, hun leven te hervatten. In allerlei Amerikaanse staten (Colorado, Texas, Maryland, New Hampshire, Ohio) breken *Reopen America*-bijeenkomsten uit, waarbij mensen, de social distance-regels aan hun laars lappend, semiautomatische wapens dragen en met Amerikaanse vlaggen en borden met swastika's zwaaien. Die swastika's zijn volgens een commentator op FOX ironisch bedoeld, whatever that means.

In Nederland is het vooral Baudet die, na de eerste geweest te zijn die wees op de gevaren van het virus, nu ook de eerste is om te bepleiten dat de restricties opgeheven moeten worden en het opnieuw opstarten van de economie prioriteit heeft.

In Engeland is premier Johnson weer gezond verklaard, waarmee wordt bedoeld: even ongezond als voorheen.

Het zal nog een tijd duren voordat het leven weer *normaal* wordt, zegt onze premier, en de kans blijft bestaan dat die normaliteit niet dezelfde zal zijn als de normaliteit van vroeger. 'We varen op zicht,' legt hij uit tijdens een debat in de Tweede Kamer. Geen radar dus, geen sextanten, geen kaarten en kompassen. (Er zijn wel hulpmiddelen, wetenschappelijke studies bijvoorbeeld, maar die zijn stuk voor stuk deprimerend: een studie van de universiteit van Harvard stelt dat we nog jaren zullen moeten leven met tijdelijke lockdowns, vermoedelijk in september, in december, in januari en maart.) Gewoon maar doorvaren is voor nu het devies, kijken en bijsturen. Op zicht. We kijken wel, maar zien vooralsnog weinig. Als het kraaiennest roept: Land in zicht, zullen we het land dan herkennen? En zullen we, eenmaal aangemeerd, het water ooit gaan missen?

Hoe ziet het normaal van vandaag eruit? Voor Anson, in Guangdong, betekent normaal tegenwoordig: in zijn winterkleren de hitte in, want de zomerkleren van de studenten liggen op de campus, die nog een tijdje dicht zal blijven. Voor M. betekent het: nieuwe kleren bestellen, omdat het geen zin heeft om uit een koffer te leven als je geen idee hebt wanneer je naar huis kunt. Voor Joey Jansen, van een kinderboerderij in Den Bosch: mensen in staat stellen een cavia te leasen, dit om te voorkomen dat ze nu uit verveling een cavia of hamster aanschaffen waarvoor ze na de crisis geen aandacht meer hebben. Voor Elfie betekent het: zich moeten verhouden tot haar vader, die met het idee komt om met een maat van 'm mondkapjes te gaan importeren, gouden business. Maar voor Elfie betekent het óók: tot haar verbazing concluderen dat ze er, ondanks al onze nationale bekrompenheid, ondanks onze gewoonte om humor pas humor te noemen als er een vleugje seksisme of racisme bij zit, ondanks onze als nuchterheid vermomde halsstarrigheid, dat ze ondanks álles trots is om Nederlander te zijn. Voor een voormalige ijswinkel in Amsterdam: het verkopen van mondkapjes in plaats van *gelato*, keurig gevouwen maskertjes, achter glas. Voor mijn tante Clara: met de ladder van een brandweerwagen voor het raam van haar moeder, mijn oma, worden getild en zwaaien. Voor Rick, de eerder genoemde AH-medewerker in Leidschendam: uitgekafferd worden door een opgeschoten klant, die helemaal geen zin heeft om zich aan die godvergeten anderhalve meter te houden. Voor Mano, die inmiddels is 'ontsnapt' uit het inloophuis, de grote vrijheid achterna: wegdromen bij de geruchten die hij heeft gehoord, over een zeker hotel, Hotel Atlas, dat zijn bedden beschikbaar zou hebben gesteld voor daklozen. Voor Freddy, in de Ardennen: erachter komen dat het stadsleven dat hij altijd bezong misschien helemaal niet bij hem past, die vluchtigheid, de gejaagdheid van steden die nooit slapen. Voor Dimitri Verhulst, in Frankrijk: in zijn Ford Kia fantaseren over het auto-ongeluk waarbij Albert Camus, schrijver van *De pest*, destijds even oud als Verhulst nu, om het leven kwam, maar wel in een fraaiere auto. Voor José in Barcelona: huilen van ontroering dat hij zijn dochtertje weer mag zien. Voor Sandra (71) en Giancarlo (73): hun gouden huwelijk vieren terwijl ze op een ic-bed in het Murri-ziekenhuis in de Marche (Italië) liggen, ze kijken elkaar aan vanachter hun zuurstofmasker en knijpen in elkaars hand. Voor David in New York: via Zoom lesgeven aan zijn studenten, over de paradoxen van tijdreizen, terwijl hij denkt: wat wij met z'n allen aan het meemaken zijn is precedentloos, het lijkt zich buiten de geschiedenis af te spelen, buiten de tijd. Voor Tom Hanks: een brief sturen aan een Australisch jongetje genaamd Corona, dat wordt gepest vanwege zijn naam; 'Je bent de enige persoon die ik ooit heb gekend met de naam Corona – als een ring om de zon, een kroon.' Voor de 99-jarige Britse oorlogsveteraan Tom Moore: een rollatorsponsorloopje door zijn tuin in Bedfordshire houden, in de hoop duizend pond op te halen. (Zijn initiatief zal binnen de kortste keren dertig miljoen pond aan donaties opleveren.) Voor de Rotterdamse Loes, volledig hersteld van het virus: de sleutel van haar nieuwe huis in ontvangst nemen, voor het eerst de deur van haar rijtjeshuis opendoen. Voor de NASA-astronauten van de Sojoezcapsule betekende het maandenlang: naar de aarde kijken, die prachtige blauwe bol, wetende dat niks meer hetzelfde zou zijn, de dag dat ze weer landen – vandaag dus. Voor ons allemaal betekent het: misschien wel voor het eerst in ons leven nadenken over wat *normaal* eigenlijk is.

Dat nadenken gebeurt op vele manieren. Via taal bijvoorbeeld. In Wymondham begint George, na een ijzige wandeling langs de abdij en de weide waar de lammetjes jammeren, sonnetten te schrijven over het virus. De taal is bloemrijk, barok, maar ook emotioneel, soms zelfs vijandig. Het is zijn manier om tegen het virus te zeggen: Dus jij denkt dat je me kunt veroordelen tot korte, barre taal? *Think again.*

Via taal, of via muziek. Wetenschappers van het MIT (Massachusetts Institute of Technology) hebben de structuur van het virus omgezet in muziek. Elk aminozuurtje heeft een aparte noot gekregen, elk stekelig virusdeeltje zijn eigen toon. Een algoritme heeft die muziekstructuur, met behulp van digitale fluiten, harp en buisklokken, gestalte gegeven. Wat horen we, hoe klinkt het virus, dat nu zo'n twee miljoen mensen heeft besmet? Het klinkt verrassend lieflijk. Speels. Jong. Als een kind dat zijn kracht niet kent. Componist des Vaderlands Calliope hoort de muziek van het MIT en vindt het misleidend: als ze elektrische gitaren zouden hebben gebruikt in plaats van harpen, drums in plaats van buisklokken, dan zou het heel anders klinken.

M. vertrekt naar een vakantiehuisje. Om na te denken. Vakantiehuisje – hoelang zal het duren voordat dat woord zijn onlangs opgedane ironische lading weer verliest?

Vrijdag 17 april (dag 153)

Voor het eerst in vier decennia is de Chinese economie gekrompen. Ook de Amerikaanse economie trekt spastisch samen, net als de Duitse, net als elke economie die verknoopt is met de wereldeconomie, dat gigantische web van transportlijnen, dat stelsel van akkoordjes en verdragen, van goedkope producenten en gretige afnemers; het hele kapitalistische ecosysteem is verstoord. Hoog tijd dus dat het helemaal op de schop gaat, hoor je steeds vaker, op straat, maar je leest het ook in de krant. Als een virus in staat is om ons leven zo te ontregelen, moeten we terug naar de tekentafel. Een harde reset, minder mondialisering, stellen sommige economen voor; de wederzijdse afhankelijkheid tussen landen moet worden teruggeschroefd.

Waar over het virus vooral in martiale termen wordt gepraat – 'zorghelden', 'de frontlinie', 'onzichtbare vijand', 'oorlog' – wordt de harde reset vaak verbeeld met kansspelmetaforen. 'De kaarten worden opnieuw geschud,' is de meest gehoorde. Maar ons verlangen om te speculeren over een totale omverwerping van het systeem, dat altijd veel verliezers en een paar puissant rijke winnaars oplevert, gaat dieper dan dat. In de Oudheid en de Middeleeuwen geloofde men in het *Rota fortunae*, oftewel het Rad van Fortuin, het vehikel van Fortuna, de geblinddoekte godin van fortuin en geluk. Het Rad werd elke dag opnieuw aangezwengeld en leverde altijd een andere winnaar op; de gelukkige van gisteren was de verliezer van vandaag, de rijkaard van vandaag zal de schooier van morgen zijn. Nog altijd is de omdraaiing van rijkdom naar armoede en omgekeerd, van alles naar niks, een van onze dierbaarste mythes, ze komt naar voren in Disneyfilms, in blockbusters en popliedjes. Is het een wraakfantasie, van ons wie het Rad niet goedgezind is geweest? Is het een illusie, die het ons vergemakkelijkt om door te ploegen, dag na dag? Net zo makkelijk als we vervallen in fantasieën over het einde der tijden, vervallen we ook in fantasieën over een nieuw begin.

Maar dat is niet zo eenvoudig. De blinddoek van Vrouwe Fortuna is doorschijnend, en het Rad is voorspelbaar. De tafel staat scheef. De winnaars van gisteren hebben niet alleen vandaag meer fiches om in te zetten, ze krijgen ook nog extra fiches van het huis. Booking.com bedelt bij de staat om geld, terwijl het door de jaren heen met behulp van handige constructies 1,8 miljard euro 'cadeau' heeft gekregen van de belastingdienst. (En waarom eigenlijk?) Pieter Elbers, president-directeur van KLM, een bedrijf dat nadrukkelijk om overheidssteun vraagt, vindt het een goed idee als zijn bonus verhoogd wordt, want met dat ene armzalige miljoen dat nu in de boeken staat, kan hij natuurlijk net niks. Kledingbedrijf Primark eist 50 procent korting bij zijn kledingproducent in Bangladesh, omdat de vraag is teruggelopen. De Action probeerde iets soortgelijks. Hunkemöller betaalt zijn leveranciers dertig dagen later dan afgesproken. Ook de verhuurders van de bedrijfspanden ontvangen de Hunkehuur vier weken later. Waarom? Omdat zij het zich kunnen permitteren.

Het casino is altijd open en we blijven inzetten, zelfs als we het spel en de regels niet helemaal doorgronden. Vannacht, in een bedrijfspand in Zaandam, zullen meer dan vijftig mensen bijeenkomen om te kaarten, uitdrukkelijk tegen de coronaregels in. Ze verliezen allemaal op z'n minst 390 euro. Zelfs als het gevaarlijk is voor onze eigen gezondheid spelen we door.

Ik vrees dat we, zolang we ons nog niet helemaal hebben verzoend met onze situatie, zullen blijven fantaseren over de harde reset, over een omdraaiing van de kansen, maar dat we ons, zodra de kans zich voordoet om het leven van weleer enigszins te hervatten, al te graag schikken in onze bekende rol. De rol van iemand die avond na avond naar het casino gaat, iets mompelt over kansberekening, zijn geld verliest en 's avonds denkt: morgen zal anders zijn.

Terwijl ik peins over casino's en de omverwerping van het systeem, struikel ik op mijn balkonnetje. Schouder opengehaald aan mijn nieuwe balkonset, een flinke jaap, het ziet er niet uit.

Het goede nieuws van de dag: ik heb een nieuwe app ontdekt – je kunt er voedsel mee bestellen dat op het punt staat weggegooid te worden. Het is ronduit verslavend. Niet vanwege de lage prijzen, evenmin vanwege het zenuwslopende feit dat je nooit weet wat je in je Magic Box zult aantreffen, maar omdat je na elke aanschaf een plaatje toegestuurd krijgt van een juichend poppetje dat roept: 'Jij hebt een maaltijd gered!' Artsen redden mensenlevens, ik red pakken yoghurt, trosjes tomaten, hompen brood. Ik zeg tegen mezelf: je redt ten minste iets.

Het weekend van 18 en 19 april (dagen 154 en 155)

Op de fiets, op weg naar mijn ouders, juist omdát ik naar hen op weg ben, naar die eerste sociale constellatie uit mijn leven, verzucht ik tegen mijn broertje dat ik vanochtend bij het ontbijt besefte dat ik eigenlijk, in essentie, totaal alleen ben. We zijn even stil en beginnen dan te lachen. Hij kijkt me niet eens aan als hij zegt: 'En daar had je een kom muesli voor nodig?'

Eenmaal aangekomen bij ons ouderlijk huis doe ik een poging met de kat te spelen, maar de tennisbal die ik tegen de muur gooi, kaatst tegen haar snuit. We gaan maar op de stoep zitten, Thomas en ik op een stoel, onze vader op een bankje, onze moeder in het portiek. Het is gek om ze weer te zien. Niet zozeer omdat zes weken nou zo lang is, maar omdat ik hen, dit huis en dat portiek sterk associeer met *ervoor*. Als ik moet plassen ga ik op kousenvoetjes door het huis, als een figurant die bang is de set in de war te schoppen.

Wanneer we weer zitten, begint mijn vader over mijn ex. Dat is nou eenmaal wat hij doet. Ik zeg dat mijn behoefte daarover te praten subminimaal is. 'Dat is weinig,' erkent hij.

'Maar wat betekent het precies?' vraagt mijn moeder. 'Dat je helemaal geen zin hebt? Nee, dat is *minimaal*.'

'Het betekent dat ik eigenlijk alle woorden die we er nu al aan hebben besteed, zou willen terugvorderen.'

'We hebben het erover,' mompelt mijn broertje.

Volgende onderwerp op de agenda: de app die de regering ons wil aansmeren. In een van de kandidaat-apps is al een datalek geconstateerd. Bijna tweehonderd namen, e-mailadressen en wachtwoorden liggen op straat.

'Geen denken aan dat ik die app neem,' zegt mijn moeder.

'Ik heb een Nokia,' zegt mijn vader, terwijl hij een peuk leegtrekt. 'Nokia speelt totaal geen rol in dit debat.'

'Een subminimale rol, zou ik willen beweren,' zegt Thomas.

'Dat zeg je nu wel,' antwoordt mijn vader, 'maar tot voor kort had Rutte ook een Nokia. Heb ik gehoord.'

'Was dat een gerucht in de Nokia-community of zo?' vraag ik.

'Die is verrassend hecht, kan ik je vertellen. We hebben alleen elkaar.'

We eten een boterham met kaas en drinken koffie. Het is precies zo abnormaal als vroeger. Op de terugweg valt het ons op dat de winkels open zijn, dat mensen ijsjes eten, biertjes drinken, rondhangen en vapen. 'Het is alsof er niks gebeurd is,' zegt Thomas.

Morgen komt M. terug. Bij de supermarkt koop ik wat blauwe bessen. Houdt ze van. (En ze zijn in de bonus.)

Maandag 20 april (dag 156)

Tijdens onze middagwandeling zegt M. dat haar vrienden in New York er rekening mee houden dat de grenzen pas in augustus weer opengaan. 'Maar met Trump weet je het nooit,' voegt ze eraan toe, terwijl ze niet zonder verwondering toekijkt hoe ik twee aan elkaar geklonken ijsklontjes uit mijn ijskoffiebeker probeer te zuigen. 'Wat een vreemd menneke ben je ook.'

Met mijn koude lippen druk ik een kusje op haar wang. 'De piek in New York is voorbij, las ik.'

'Yep, op naar de volgende.' We gaan zitten op een bankje, staren naar eenden, woonboten, klotsend water. In de verte komt een dregboot aangevaren, met een grote grijparm wordt slib van de bodem van de gracht losgewoeld en omhooggetild, elk moment verwachten we fietskarkassen, maar die komen niet. 'Ik wil in elk geval niet voor juli terug,' zegt ze. 'Misschien is het goed als ik tot die tijd een eigen plekje zoek.'

Aangezien ik haar volledig vertrouw en weet dat ze zoiets alleen zou opperen als ze er echt van overtuigd is dat het beter is, en ook omdat ik in dit geval denk dat ze gelijk zou kunnen hebben, knik ik, en zeg dat ze haar intuïtie moet volgen. ‘Ook jammer,’ zeg ik.

Ze knikt.

‘Vind je het pijnlijk?’

‘Een beetje,’ beaamt ze.

We wandelen naar huis.

’s Avonds red ik maar liefst twee maaltijden van de ondergang. Op de terugweg naar huis, naast de winkel met reisbenodigdheden – ‘Outdoor’! ‘Travel’! – word ik aangesproken door een tandeloze man met één been, hij zit in een met tassen en knuffels volgehangen elektrische rolstoel. Hij vraagt om een aalmoes, maar ik heb alleen mijn pas. ‘Geen stress, neem een 8.6!’ roept hij, dan zoeft hij weg.

M. heeft weer les. Ik geef haar een mok thee, geen spätburgunder deze keer, en zwaai via de webcam naar haar klasgenoten. Even later appt ze dat ik ben goedgekeurd door de groep, een mededeling die geen mens onberoerd zou laten.

Rond een uur of elf kruipen we tegen elkaar aan in bed. Zo eindigt deze maandag, waarop de oliekoersen zo hard kelderden dat een vat ruwe olie op een zeker moment negatief geprijsd was: minus 37 dollar. (Wat resulteerde in de oer-Hollandse NOS-headline ‘Negatieve olieprijs, maar gratis tanken zit er niet in’.) Zo eindigt de eerste dag uit de wereldgeschiedenis dat olie goedkoper was dan wc-papier, met lepeltje-lepeltje.

Terwijl we slapen twittert president Trump dat hij 'in het licht van de aanval van de onzichtbare vijand' en natuurlijk 'om de banen van onze geweldige Amerikaanse burgers te beschermen' een decreet zal ondertekenen waarmee de immigratie in de VS tijdelijk wordt opgeschort. Het droge commentaar van *The New York Times*: 'Het is niet direct duidelijk op welke wettelijke gronden Mr. Trump een dergelijke immigratiestop zou kunnen baseren.'

Dinsdag 21 april (dag 157)

Het is zeven uur 's avonds. De langverwachte toespraak van premier Rutte, over de vraag of de kabinetsmaatregelen versoepeld zullen worden, gaat beginnen. M. en ik zitten aan tafel, onze borden glimmen vettig, we hebben worstjes en aardappels gegeten, als een echt Nederlands stel. Ik kijk naar de laptop, zij leest Amerikaanse kranten op haar telefoon; ik doe Rutte, zij doet Trump.

'Goeienavond,' zegt de premier met een zucht. 'Ik zeg het maar ronduit.' Hij heeft ermee geworsteld, het was *agony*, hij zag zich geconfronteerd met 'duivelse dilemma's'. Volgens mij is dit geen retorische overdrijving. De rimpels in zijn voorhoofd lijken zich te hebben verdiept tot littekens, zijn ogen zijn klein. 'De cijfers in de ziekenhuizen en de ic's zijn hoopgevend,' vervolgt hij, 'maar de druk op de zorg is nog steeds gigantisch hoog.' En er is een zeker ongeduld in ons geslopen, legt hij uit. Als we geen tweede golf willen, moeten we zelfbeheersing aan de dag leggen. Ik kan me niet herinneren dat hij eerder zo'n moreel geladen term heeft gebruikt. Dit is Rutte in de rol van predikant. ‘Beter voorzichtigheid nu dan spijt achteraf.’ Kort en goed – de maatregelen worden verlengd tot 20 mei. Wel gaan de basisscholen gedeeltelijk weer open, net als de kinderopvang. (In heel Nederland stijgt ouderlijk gejuich op.) En sporten? ‘Onderlinge potjes mogen wel,’ zegt hij, een woordkeus die Rutte omtovert tot scholier, ik zie hem op het schoolplein staan, brilletje op, zware rugzak, wachtend op zijn kans om mee te doen met de voetballers. Misschien vraagt hij bij het volgende potje wel of dat mag.

En de festivals? Rutte schudt zijn hoofd. ‘Geen Pinkpop, geen Vierdaagse, geen Zwarte Cross.’ Dit is Rutte als man des volks, een rol die hem minder past. De basisregels van onze nieuwe samenleving zullen hetzelfde blijven, anderhalve meter afstand, horeca blijft dicht, dat geldt ook voor kappersregels. (Zouden er inmiddels meer mensen zo uitzien als ik, dat wil zeggen: als de vierde Bee Gee?) En nog een belangrijke regel: ‘Was je handen zo vaak je kunt.’ Rutte de strenge vader. ‘Hou vol. Doe dit voor elkaar en help elkaar.’ Rutte de coach. ‘Tot slot, deze coronacrisis is een van de grootste, meest ingrijpende en meest bedreigende periodes die ieder van ons ooit zal meemaken. Hoe groot en hoe ingrijpend precies zullen we alleen met elkaar achteraf weten.’ Rutte de historicus. Al die rollen, verenigd in één mens, en de afwisseling is zo naadloos dat je niet eens ziet wanneer de ene rol eindigt en de volgende begint. Het is kortom weer een onberispelijke performance van het kijkcijferkanon van 2020. (Vanavond bijna acht miljoen kijkers.)

Pas als Rutte de rol van filosoof aanneemt, gaat het wat mij betreft mis. 'De vrijheid van de een,' zegt hij, 'mag niet ten koste gaan van de gezondheid van de ander.' Ik zou juist zeggen, en vermoedelijk de meeste liberalen met mij, dat vrijheid per definitie de mogelijkheid in zich heeft dat deze ten koste zou kunnen gaan van de gezondheid, van jezelf of van de ander. De enige manier waarop we de gezondheid van de ander maximaal kunnen waarborgen, is door onszelf permanent op te sluiten.

Het grootste verschil tussen gedaanteverwisselaar Rutte en president Trump (wiens teint dezer dagen in plaats van oranje vrijwel kroketbruin lijkt) is dat laatstgenoemde bestaat bij de gratie van één enkele gedaante: die van volksmenner. In het nauw gedreven door de kritiek op zijn miserabele coronabeleid heeft de president *in true Shock Doctrine fashion* besloten de crisis aan te grijpen om weer in het gevlij bij het volk te komen, en wel door een van zijn voornaamste agendapunten uit 2016, het aan banden leggen van immigratie, tot de kern van zijn nieuwe strategie te maken. Vandaag heeft hij zijn *travel bans* van gisteren kracht bijgezet, leest M. mee met het artikel op haar telefoon, morgen gaat hij een decreet ondertekenen dat vrijwel alle immigratie tot stilstand brengt. 'Zo zullen werkloze Amerikanen voor aan de rij komen te staan als Amerika weer op gang komt,' twittert hij. 'Want het zou verkeerd en oneerlijk zijn als Amerikanen die door het virus hun baan zijn kwijtgeraakt vervangen zouden worden door arbeidsimmigranten die van buiten worden ingevlogen. We moeten allereerst voor de Amerikaanse arbeider zorgen. Zo belangrijk.' Zo doorzichtig.

M. trekt wit weg. Het is te vroeg om te zeggen welke gevolgen dit voor haar zal hebben. Ze leest dat niet álle immigranten worden geweerd. Seizoensarbeiders bijvoorbeeld niet. Of niet allemaal. Het is allemaal vrij ondoorzichtig. Is zij een immigrant? En zo ja, wat voor? Voor haar promotieonderzoek heeft ze een werkvergunning van de universiteit, maar in welk hokje ze daarmee in de ogen van Trump terechtkomt, is onduidelijk. Bovendien heeft ze te horen gekregen dat de universiteit, als gevolg van de economische malaise in de staat New York die weer het gevolg is van de crisis, ingrijpend moet gaan bezuinigen. Kan ze überhaupt ooit terug? En een meer existentiele vraag die daarmee verbonden is: wanneer zal ze de reis naar New York ophouden te zien als een *terug*reis? Haar vele omzwervingen – New York, Parijs, Oeganda, weer New York – hebben haar geleerd dat ze overal een thuis kan maken. Dat thuis hoefde maar aan één voorwaarde te voldoen. En dat is precies de voorwaarde waaraan mijn huis niet voldoet: dat het een plekje van háár is.

Die avond dommelen we in op de bank, luisterend naar J.B. Lenoir. 'Deep In Debt Blues', 'Tax Paying Blues'. Goede blues, vol tragiek waaraan niks meer te doen valt. Verstrengeld vallen we in slaap.

Woensdag 22 april (dag 158)

De flarden van gesprekken die ik op straat opvang, klinken niet boos, verontwaardigd of ongerust. Eerder mat en schouderophalend. Ruttes toespraak heeft duidelijk gemaakt dat we niet te ver vooruit mogen kijken, maar achteromkijken lukt ook niet meer. Daarvoor is te veel veranderd. We leven in een samenleving die twee maanden geleden nog ondenkbaar was: waarin je elkaar niet mag aanraken, waarin je niet met vrienden en familie kunt samenkomen, waarin je altijd weet hoe de dag zal verlopen, maar nooit hoe de volgende maand eruitziet. Maar het is niet het einde van de wereld, zeggen we tegen elkaar. Zo makkelijk passen we ons dus aan, als we ervan overtuigd zijn dat het voor ons bestwil is. We vloeken op de maatregelen, maar leven ernaar. We klagen, maar gehoorzamen. En ondertussen zoeken we naar kleine voordelen, want het is toch ook lekker rustig, wel knus en intiem. We dwingen onszelf tot een roes, we verkeren in een limbo waar al te hevige emoties ontbreken, een tussentijd waarin we grote beslissingen voor ons uit schuiven en met de dag leven. Sporadisch beseffen we dat niets aan dit alles normaal is. Het is een vallende sensatie, een flikkering van dissociatie, en dan leven we door.

In mijn boekje, dat aardig vol aan het raken is, onderstreep ik de woorden vallende sensatie. Ik blijf staan bij Arie, een ras-Amsterdammer die je net zo goed schroothandelaar als antiquair zou kunnen noemen, met zijn merkwaardige loods, tot de nok gevuld met fraaie biedermeiermeubels en hebbedingetjes uit yesteryear. We maken een praatje, ik laat me ontvallen dat het allemaal niet het einde van de wereld is. 'Natuurlijk niet!' zegt hij terug, tegen een achtergrond van meuk waarin onder meer een bontjas, een lampetkan, een plaat van Elvis en een jakhalskop te onderscheiden vallen. Arie tilt een afgeleefde fauteuil naar de parkeerplaats, naar zijn vaste plekje, tussen allerlei auto's in, met uitzicht op de winkel. Hij gaat zitten, bakkes in de zon en zegt: 'Zou een schooier zoals ik zo kunnen genieten als het einde van de wereld was aangebroken?'

'Hoeveel voor die jakhalskop?' vraag ik terug.

'Alsof we in een gedrogeerde mist leven.' Zo typeert George die gemoedstoestand waar velen van ons westerlingen in verkeren, tijdens een wandeling langs de weide, waar de lammetjes zich verstoppen in de vacht van hun moeder. Clarissa knikt, terwijl ze met haar rechterhand haar strohoedje op haar kruin houdt. Ze lopen door Cavick Road, door Lady's Lane, waar ze worden aangestaard door roerloze, zwarte koeien. De abdij ligt er fraai bij. Het gras is heldergroen, bomen rekken zich uit, bloemen bloeien. In de etalage van de White Hart-pub, waar al weken geen klanten meer komen, zijn twee modelgebouwen neergezet. 'Misschien leven we tegenwoordig allemaal wel in modelgebouwen,' zegt George tegen Clarissa. Maar het is niet het einde van de wereld. Nee, dat zou er echt anders uitzien.

Maar hoe dan? Als een wereld waarin je winkels alleen met een mondkapje op mag betreden? Vandaag is Jan in Berlijn naar zijn vaste garage gereden, om zijn winterbanden te laten vervangen door zomerbanden. Het is de eerste keer dat hij zijn mondkapje in het openbaar draagt. Dat is wennen. Het kapje wordt al snel warm van zijn adem, en zijn bril beslaat. Het is bovendien lastig om met mensen te praten als je hun gezichtsuitdrukking niet kunt zien. Maar de stad lijkt op te leven, de straten worden voller, het weer is prachtig, winkels openen hun deuren. Natuurlijk, er zijn beperkingen aan het aantal klanten, iedereen draagt mondkapjes, en het Ordnungsamt patrouilleert door de straten om de mensen op afstand van elkaar te houden. Maar het einde van de wereld? Nee, dat is echt overdreven.

Aan het einde van de middag keert Freddy terug naar zijn Brussel, na in plaats van de voorgenomen twee liefst vijf weken in de Ardennen te hebben doorgebracht. Onderweg, op de snelweg, vinden strenge maar willekeurige controles plaats, waarbij om papieren wordt gevraagd, papieren die zouden moeten bewijzen dat het hier om een *noodzakelijke verplaatsing* gaat. De mogelijke boete van tweehonderdvijftig euro zou meteen betaald moeten worden. Gelukkig hoeft Freddy, die niet over zulke papieren beschikt, nergens te stoppen. Brussel oogt kalm, maar niet overdreven kalm, niet westerndorpje-vlak-voor-het-duel-kalm, eerder vakantiekalm. Daar is zijn huis, in het *quartier maritime*, een uithoek van Molenbeek. Bijna thuis. Uit angst dat het stoplicht op oranje zou springen, versnelt Freddy. Dan klinkt, vlak achter hem, een politiesirene. Freddy vloekt niet, hij zucht. Maar de politiewagen snelt hem voorbij, op naar een spoedgeval, ergens. Hij parkeert zijn auto en trekt de deur van zijn appartement open. Het voelt goed om thuis te zijn, om zijn tas op de grond te laten zakken, en hij bemerkt iets van trots in zich, dat hij deze tijd toch maar heeft doorstaan. Die avond, na het eten, boort hij een gat in een muur, die gordijnen had hij veel eerder moeten ophangen. Het huis is zojuist nog meer zíjn huis geworden. Hij herleest oude dagboekaantekeningen, komt de zin 'Is dit het begin van het einde?' tegen. Zou iemand die frank en vrij is om een gat in zijn eigen muur te boren, iemand die het permanente middelpunt is van een cirkel van anderhalve meter aan vrijheid, zich in een einde bevinden? Freddy poetst zijn tanden en gaat naar bed. Morgen weer een dag.

'S Avonds belt M. me op. Ze heeft slecht nieuws ontvangen. De eigenaren van het pand in New York waar zij een appartementje heeft, zijn door de crisis in financiële problemen gekomen. Het pand gaat worden verkocht. Haar spullen, haar groene stoel, alles zal door vreemdelingen naar een loods worden verhuisd. Begin maart ging ze een weekje naar Nederland. Haar koffer was licht. Vijf dagen later kon ze niet meer terug en maakte ze zich zorgen om de gezondheid van haar plant, die ze van Laura had gekregen. Nu krijgt ze te horen dat het huis waar ze niet naartoe kan, is ontbonden. 'Maar het zijn maar spullen,' zegt ze. 'Het is niet het einde van de wereld.'

Zondag 3 mei (dag 169)

Mijn notitieboekje is al dagen bijna vol, maar de laatste pagina's krijg ik niet beschreven. Het staat vast dat ik het extra boekje dat ik aanvankelijk voor mijn karwei heb aangeschaft, niet nodig zal hebben. Niet alleen neemt mijn schrijftempo af, ook komen me steeds minder verhalen ter ore. En het is niet alsof er niks van belang meer gebeurt. We blijven doden tellen: tot op heden is bij 5056 Nederlandse overledenen vastgesteld dat ze aan covid-19 leden. Bovendien staat de pandemie nog maar in de kinderschoenen, aldus Tedros Adhanom, directeur van de WHO. De armste delen van de wereld zullen extra hard getroffen worden, men vreest gruwelijke hongersnoden en een groot tekort aan malariamedicijnen. Daarnaast maken de Verenigde Naties zich om vijftien van de tachtig landen die wegens corona de noodtoestand hebben uitgeroepen ernstige zorgen, vooral vanwege de 'giftige lockdowncultuur'. In de Filippijnen zijn de afgelopen maand 120 000 mensen gearresteerd omdat ze zich niet aan de avondklok hielden. In Kenia zijn zo'n twintig mensen gestorven door excessief politiegeweld. Bij de VN komen ook klachten binnen over politieagenten die mensen afpersen: als ze niet betalen, worden ze meegenomen naar een quarantainecentrum. Het enige Europese land op het lijstje is Hongarije. Bondskanselier Merkel heeft verklaard dat ze er rekening mee houdt dat het virus ons nog jaren zal bezighouden. Het einde, het grote algemene einde, is niet in zicht. Ooit zal er een *patient Ω* zijn, een allerlaatste coronapatiënt die de allerlaatste coronadag meemaakt, maar hij of zij is op dit moment waarschijnlijk nog niet eens geboren.

Misschien begin ik nu pas, terwijl ik opnieuw door mijn geboortestad struin en in mijn boekje blader, te begrijpen wat ik eigenlijk heb vastgelegd, wat deze kronieken behelzen. Ze zijn geen overzichtswerk, want werkelijk overzicht hebben we nog lang niet, en het is gissen naar welke 'lessen' er getrokken kunnen worden uit wat er is gebeurd, en of we, als we ons weer helemaal veilig voelen, überhaupt zin hebben om die lessen op te volgen. Wat ís er eigenlijk gebeurd?

Ondernemer en ingenieur Tomas Pueyo noemde de heftige beginperiode van de pandemie, toen het virus op ons neerdaalde, *de hamer*. De hamerklap was hard, land en zee trilden ervan, vloedgolven rezen, iedereen sprak erover, zocht naar oude metaforen en nieuwe woorden. Deze kronieken vormen niet meer dan het verslag van een wereld die aan het veranderen was en niet wist wat die verandering betekende. Het zijn scheepsberichten van mensen die, misschien voor het eerst in hun leven, op zicht voeren.

Ontwrichting, onzekerheid, verlies van controle, 'ongepaste' gedachten dat het misschien allemaal wel meeviel – we ervoeren het allemaal. Onze verhouding met de tijd veranderde, met de geluiden om ons heen, met onze dierbaren. Maar we pasten ons aan. Toen omstandigheden veranderden, veranderden wij mee. Toen ik als student oorlogsdagboeken las, verbaasde ik me erover dat mensen iets dat voor mij zo onvoorstelbaar was als oorlog, zo spaarzaam en schijnbaar koeltjes beschreven. Dat was geen pose, begrijp ik nu. Kennelijk zijn we zo gebouwd dat we in elke situatie, hoe absurd ook, normaliteit kunnen vinden, een beetje maar, net genoeg om het mee uit te zingen.

De ervaring van *de klap* was dus collectief: vrijwel iedereen beleefde een schok, en doorliep soortgelijke gevoelens en gedachten over wat er in het leven echt toe deed.

Maar de sociaal-economische werkelijkheid is minder eendrachtig gebleken: de klap heeft oude tegenstellingen tussen bevolkingsgroepen – tussen arm en rijk bijvoorbeeld, of tussen sociale klassen – pijnlijk blootgelegd. Sinds de klap klinken de 'inspirerende' woorden van rijke beroemdheden, die de crisis grotendeels in hun ruime landhuizen beleven, woorden die eerder zo melodieus en veelbelovend leken, ineens vals. Die tegenstellingen tussen bevolkingsgroepen zijn natuurlijk nooit weg geweest, maar lang hebben we ze genegeerd, lang konden we tegen onszelf zeggen: Ach, zo scheef staat die tafel niet.

In sommige gevallen heeft de klap ervoor gezorgd dat de tafel juist schever kwam te staan. Thuisscholing betekende voor veel gezinnen een terugkeer naar een traditioneler rolpatroon waarin de moeder de huishoudelijke taken vervulde. (Voor andere gezinnen weer niet.) Overal ter wereld steeg het huiselijk geweld, terwijl de manieren waarop je dat geweld kon ontvluchten afnamen. Kleine ondernemers kregen een andere behandeling dan multinationals. Zondebokken werden gezocht en gevonden.

Ik loop langs Mohammed de bakker, langs Saïd de groenteman, door de buurt die de afgelopen weken definitief als thuis is gaan aanvoelen. Hun winkeltjes hebben het nog altijd moeilijk. Sommigen van ons zijn nog harder getroffen: ze zijn dierbaren verloren. Anderen zijn ternauwernood hersteld. Sommigen zullen nog dierbaren verliezen. Anderen zullen ternauwernood herstellen. Weer anderen zijn hun baan kwijt, hun kapitaal, hun huwelijk, of zoals M: haar huis. Anderen hebben manieren gezien om geld te verdienen. Weer anderen zijn verliefd geworden, zijn getrouwd, hebben een kind op komst. Wat ervan te maken, hoe deze kolossale gebeurtenis enigszins te duiden?

Het was alsof we in een verhaal waren terechtgekomen, schreef ik eerder, een verhaal dat je net zo goed sciencefiction als Bijbeltekst kon noemen, net zo goed rampenfilm als documentaire. Maar geen epos, geen geschiedenisboek, geen script dat we kenden voldeed. Als we in een big budget-rampenfilm leefden, dan zou het einde duidelijk zijn: de uitvinding van het vaccin. Maar zover zijn we nog lang niet, die race is pas net begonnen. Als we in een big budget-rampenfilm leefden, zou het verhaal om een paar hoofdpersonen draaien, vermoedelijk wit, mannelijk en knap, die na allerlei gevaren te hebben doorstaan opgelucht ademhalen, klaar voor hun nieuwe leven. Maar 'onze' film gaat niet om een handjevol hoofdrollen, maar om miljarden bijrolletjes en figuranten, die allemaal op een andere manier zijn geraakt, die nog lang niet opgelucht zullen kunnen ademhalen, en geen idee hebben hoe hun 'nieuwe leven' eruit zal zien.

Het is onmogelijk te overzien in welke mate onze wereld zal herstellen, en hoe dat herstel eruit zal zien. De schokgolven en rimpeleffecten zullen zonder twijfel nog lang doorwerken; economieën liggen aan duigen, oude tegenstellingen is nieuw leven ingeblazen, autoritaire leiders hebben de crisis aangewend om hun macht te versterken, debatten over digitale privacy zijn prangender dan ooit. De crisis heeft ons herinnerd aan de kernvraagstukken die zich ónder de politiek bevinden, waarvoor in het dagelijkse Haagse verkeer, bepaald door het ritme van wetsartikelen die worden afgehamerd en maatregelen die in afstandelijk, vormelijk jargon worden 'uitgelegd' aan de kiezers, geen plek is. Vraagstukken over solidariteit met fysiek beperkten, met economisch onbeschermden, met andere landen. Vraagstukken die misschien wel cruciaal zijn om te begrijpen wat politiek is; namelijk niet zomaar een bedrijfstak die het land draaiende houdt, maar ook een uiting van welke principes en waarden we hooghouden, en welke prioriteiten we stellen.

Discussies waarvan we slechts de aanzet hebben gezien, zullen helemaal gevoerd moeten worden, en niet alleen door politici, ook door onszelf. En als onze woorden niet gehoord worden, over privacy, over economische hervormingen, kunnen we ons gedrag veranderen. We kunnen naar andere winkels gaan, de middenstander steunen in plaats van de miljardenfranchise. We kunnen flexcontracten aan de kaak stellen. We kunnen grootaandeelhouders publiekelijk tot de orde roepen en ambulancemedewerkers loven. We kunnen minder gaan reizen.

Nu al beginnen zich fundamentele veranderingen in onze prioriteiten af te tekenen: zo geeft een groot deel van de Nederlanders aan dat ze in de toekomst vaker vanuit huis willen werken, wat grote gevolgen zou hebben voor de economie. Ik loop langs koffiezaakjes en restaurants met gesloten deuren. Om tegemoet te komen aan de gevraagde anderhalve meter zullen cafés en restaurants hun bestemmingsplan moeten veranderen, misschien zal 'de winkelstraat' wel uit het stadsbeeld verdwijnen. Een ouder echtpaar stapt nadrukkelijk opzij als ik eraan kom; de afstand tussen ons bedraagt zeker drie meter. Wat deze collectieve ervaring met ons zal doen, of we het in de toekomst moeilijker zullen vinden om elkaar aan te raken of dichtbij te laten komen, daar kunnen we alleen maar naar raden.

Al die veranderingen, die goeddeels nog in beweging zijn. Waarom deze kronieken dan toch nu eindigen? Omdat ik verslag heb willen doen van onze confrontatie met het abnormale. Nu het abnormale normaal is geworden, is het tijd voor andere verhalen, verteld en bijeengezocht door anderen.

Toen ik begon met aantekeningen maken, fantaseerde ik soms over mogelijke eindes van deze kronieken. Misschien zou Schiphol een goed laatste decor zijn, stelde ik me voor. Ik zou teruggaan naar de plek waar het verhaal begon. Ik zou rondlopen over het vliegveld, misschien staan er alweer wat vluchten op het scherm, een enkele zakenman die met klakkende hielen naar de gate loopt. Maar vandaag denk ik: het zou geforceerd zijn, gekunsteld, onecht. Het zou te zeer passen bij hoe verhalen verteld 'horen' te worden: ze horen op een natuurlijke manier te eindigen, en dat einde moet sluitend zijn. Maar de literaire conventies van vroeger helpen ons nu niet verder. Wat gisteren de gewoonte was, is vandaag irrelevant. In dit geval, voor deze kronieken, is het onechte de vijand.

Ik passeer de oude straat van Dien. De overblijfselen van een inboedel staan op straat, vermoedelijk de hare: een kastje, twee stoelen, een lamp. Een vrouw met een zonnebril strijkt met haar hand over de lampenkap en controleert of de kastdeurtjes nog werken. Ze draagt geen handschoenen. Misschien is ze niet bang voor besmetting, of anders vindt ze dat gevaar minder belangrijk dan het genoegen dat ze beleeft aan het nadenken over meubels, over wat bij haar huis zou passen. Misschien ligt daar dan een les in besloten. Vooralsnog ziet het ernaar uit dat we niet zozeer moeten fantaseren over het verslaan van het virus, als wel dat we ermee moeten leren leven. Ik ga iets dichter bij de meubels staan. Zou er iets bij zitten voor M.? De missie die ik mezelf ten aanzien van haar had gesteld, om ons gezamenlijk door deze periode heen te loodsen, is weliswaar niet mislukt, maar ook niet volledig geslaagd. Ik zal haar helpen een nieuw huis te vinden, dat zeker. En op mijn manier zal ik haar helpen van dat huis een thuis te maken. Ik loop verder en sla de hoek om.

Na die eerste klap van de hamer breekt volgens Puyo een nieuwe fase aan in onze relatie met het virus, een die hij omschrijft als *de dans*. Daar zijn we nu mee bezig. We dansen. We zullen nu eens een stapje naar voren zetten, op straat, in een koffiezaakje, misschien zelfs in een restaurant, om te kijken hoe het virus reageert. Als het niet reageert: nog een stapje naar voren. Zodra het opduikt, gaan we weer naar achteren. We blijven in beweging, simpelweg omdat het virus dat ook doet; het blijft zich verspreiden, het blijft muteren, het zal terugkomen. (Tot nu toe zijn alle grote pandemieën in de geschiedenis, of het nu gaat om de pest in de veertiende eeuw of de Spaanse griep in 1918–1919, in meerdere golven op ons neergedaald.)

Dansen. De een is er beter toe uitgerust dan de ander. Jonge, rijke mensen dansen makkelijker dan oude armen. Gezonde mensen makkelijker dan zieke. Geprivilegieerde makkelijker dan achtergestelde. Dat zijn oude tegenstellingen. Er zullen ook nieuwe tegenstellingen ontstaan: tussen hen die (gedeeltelijk of helemaal) immuun zijn en hen die dat niet zijn. Hoe zullen zij met elkaar omgaan; zullen ze solidair zijn, of elkaar ziekelijkheid dan wel roekeloosheid verwijten?

Ik loop mijn vertrouwde straat in, de bakstenen muren, de tuitgevels. Het is een gek idee, maar ooit zullen de gevaarlijkste effecten van het virus wegebben, ook als het vaccin uitblijft. Dat doen virussen namelijk meestal. Een darwinistische oerwet stelt dat asymptomatische mensen (die wel besmet zijn maar dit niet weten) meer gastheren bereiken dan mensen die erg ziek zijn. Het is dus in het voordeel van het virus om, in verloop van tijd, aan kracht te verliezen, en zodoende meer gastheren te infecteren. Ooit zullen we het dus misschien op een akkoordje gooien met het virus. Mocht je er na lezing van deze kronieken nog over twijfelen: de geschiedenissen van een gastheer en zijn parasieten zijn één.

Aan het einde gekomen van mijn wandeling, aan de vooravond van de dodenherdenking (de koning zal ons toespreken op een lege Dam) en de dag van de vrijheid, steek ik mijn sleutel in het slot. Mijn overbuurman zit op de stoep, met zijn dochtertje, de vader wijst naar de hemel, geen vliegtuigstreep te bekennen, en het zoontje kijkt mee. We groeten elkaar, en ik ga naar binnen.

Het virus landt nog altijd in kozijnen, op deurklinken, het gaat van hand tot hand en van mond tot mond. Het verhaal van het virus is misschien wel het universeelste dat we ooit zullen kennen. Toch zal het voor iedereen op een ander, particulier moment eindigen. Voor sommigen zal het eindigen als hun worstelende dierbare het virus overleeft. Voor anderen als de laatste coronabegrafenis in de familie heeft plaatsgevonden. Misschien zal het voor George en Clarissa eindigen als ze, over een paar jaar, na een wandeling door hun Wymondham, synchroon hun sleutel in de deur steken en beseffen dat ze een dag niet aan het virus hebben gedacht. Voor Yvonne als haar hond Lola tegen alle verwachtingen in het erf op loopt. Voor Mano als hij Hotel Atlas heeft gevonden. Voor David als hij weer over de straten van New York loopt en een taartje bestelt in zijn geliefde Hungarian Pastry Shop. Voor M. als ze, na een avondje in een café, waar dan ook ter wereld, denkt: en nu heb ik zin om naar huis te gaan.

En tot het zover is – zullen wij struikelen, overeind komen, en verder dansen.

DANKWOORD

Ten eerste wil ik iedereen bedanken die zo goed is geweest zijn of haar verhaal met mij te delen. Daar sprak een groot vertrouwen uit, en ik hoop dat ik jullie recht heb gedaan.

Verder: dank aan de mensen van Uitgeverij Atlas Contact, die zich buitengewoon flexibel en aanmoedigend toonden met betrekking tot mijn merkwaardige plan, waaraan zij dus geen cent zouden verdienen noch hebben verdiend. Dank in het bijzonder aan Sander Blom, Edo Dietvorst, Ronald Kerstma en Nicole Lucassen.

Dank ook aan hen die belangeloos of vrijwel belangeloos aan de totstandkoming van het boek hebben meegewerkt: Nanja Toebak (omslagontwerper), Sander Pinkse (zetter binnenwerk), Eva Roefs (fotograaf), Bert van der Horst (lithograaf), Theo Veenhof (corrector) en Wilco (drukkerij).

Dank ook aan de boekhandels die al in een vroeg stadium zeiden: doe maar, we've got your back. Met name Jan Peter Prenger, Jan-Hein Wierts en Anne Schroën zijn van onschatbare waarde geweest.

Dank aan mijn agent Lisette Verhagen, die zich met ziel en zaligheid op dit extreem onlucratieve project heeft gestort.

Dank aan mijn meelezers: Madeleijn van den Nieuwenhuizen, Lisette Verhagen, Arend Jan Heerma van Voss, Christien Brinkgreve, Sander Blom, Simon Dikker Hupkes, Stefanie Liebreks, Mikko Kuiper en Jesse Kuiper.

BRONNEN

De cijfers waarvan ik gebruikmaak, zijn afkomstig van het RIVM, soms aangevuld met die van het Centraal Bureau voor de Statistiek (CBS). De artikelen waar ik in de tekst met naam en toenaam naar verwijs, zijn niet in deze lijst opgenomen.

'Waarschijnlijk kwam het oorspronkelijk van een vleermuis...'

K.G. Andersen, A. Rambaut, W.I. Lipkin, E.C. Holmes & R.F. Garry, 'The proximal origin of SARS-CoV-2', *Nature Microbiology*, 17 maart 2020.

Het verhaal van Roddy en Loretta

'He gave his wife CPR as she died after contracting coronavirus. Officials won't test him', *LA Times*, 17 maart 2020.

'Al in het Babylonische Gilgamesj-epos [...] vak.'

W.H. McNeill, *De pest in de geschiedenis*, 1986, p. 88–89. (Het origineel, *Plagues and Peoples*, verscheen in 1976.)

'De uitvinding van de elektronenmicroscoop stelde natuurkundige [...] in de wereldgeschiedenis "begrepen" we virussen.'

D. Quammen, *Zoönose. Hoe dodelijke ziekten van dier naar mens overspringen*, 2020, eerder verschenen als *Van dier naar mens*, 2013, p. 249–251.

'Zo laat de Griekse historicus Thucydides [...] dankzij de pest.'
McNeill, *De pest in de geschiedenis*, p. 185.

'"Het menselijk ras wordt geconfronteerd met een wereldwijde crisis, misschien wel de grootste uit onze generatie," concludeert Harari.'
Y.N. Harari, 'In the Battle Against Coronavirus, Humanity Lacks Leadership,' *Time*, 15 maart 2020.

Het verhaal van Zach Edler
C. Warzel, 'Off the Grif, then hit by Reality', *The New York Times*, 19 maart 2020.

'Hoogstwaarschijnlijk is het spoor van Noord-Italië en Oostenrijk naar Nederland gelopen, middels après-skihutten en carnavalscafés, via kerkdiensten tot in de ziekenhuisgangen.'
N. Klaassen en C. Rosman, 'Het coronavirus was al veel langer in Nederland', *Algemeen Dagblad*, 24 april 2020.

Over het koopgedrag van Nederlanders tijdens de coronacrisis
H. van Piekartz, 'Thermometers, vrieskisten en chocola', *de Volkskrant*, 20 maart 2020.

Over het koopgedrag van Amerikanen tijdens de coronacrisis
M. Persson, 'Wij hamsteren wc-papier, zij slaan kogels in', *de Volkskrant*, 20 maart 2020.

Het verhaal van Mark Gevisser werd gepubliceerd in het *Pandemic Journal* van *The New York Review of Books*.

De dagboeken van Sarah Sluimer verschenen onder de titel 'Quarantainelogboek' in *Vrij Nederland*.

'Ondertussen, in La Línea de la Concepción...'
'Ambulances met coronapatiënten aangevallen in Spanje', *Noordhollands Dagblad*, 25 maart 2020.

'Historisch gezien zijn Duitsland en Frankrijk [...] vaak te laat of halfslachtig gebeurde.'
A.H.M. Kerkhof, *Per imperatief plakkaat*, 2020, p. 83–92.

De dagboeken van Dimitri Verhulst verschenen dagelijks op de website van Uitgeverij Pluim.

'In New York weet schrijver Leslie Jamison...'
L. Jamison, 'Since I became symptomatic', *The New York Review of Books*, 26 maart 2020.

'In de Bijbel [...] reacties op besmettelijke ziekten.'
McNeill, *De pest in de geschiedenis*, p. 173.

Het verhaal van Miguel-Anxo Murado verscheen in het *Pandemic Journal* van *The New York Review of Books*.

'"In de verte klinkt een brommer," zal dichter Lieke Marsman vier dagen later in de krant schrijven.'
L. Marsman, 'Gedeelde eenzaamheid is geen eenzaamheid', *de Volkskrant*, 21 maart 2020.

Het gedicht van Ingmar Heytze heet 'Een brief uit de eerste dagen'.

'De Republiek voerde pas in de zeventiende eeuw iets in wat leek op landelijke pestbestrijding, terwijl Italiaanse stadstaten dat rond 1400 al hadden gedaan.'
Kerkhoff, *Per imperatief plakkaat*, p. 10.

'Yuval Harari: "In Italië, Spanje en Frankrijk worden decreten [...] coronadictatuur."'
A.K. Sommer, 'Yuval Noah Harari Warns Against "Coronavirus Dictatorship" in Israel – Netanyahu's Son Calls Him Stupid', *Haaretz*, 19 maart 2020.

'"Vlak achter de epidemie van het virus volgt een epidemie van autoritarisme," heeft Fionnuala Ní Aoláin...'
S. Gebrekidan, 'For Autocrats, and Others, Coronavirus Is a Chance to Grab Even More Power', *The New York Times*, 30 maart 2020.

'Die middag lees ik over de Nijmeegse pestdokter IJsbrand van Diemerbroeck, die in zijn *Tractatus de peste* (1646)...'
Kerkhof, *Per imperatief plakkaat*, p. 29–33.

'Een interessante studie uit 2016...'
J. Gómez-Gardeñes *et al.*, 'Explosive Contagion in Networks', *Scientific Reports*, 28 januari 2016.

'"Deze epidemie vermoordt je twee keer," lees ik.'
Jarl van der Ploeg, 'Italië weet zich geen raad met de doden', *de Volkskrant*, 18 maart 2020.

'In Italië is een passensysteem ingevoerd, net zoals ze dat in het door de pest geteisterde Venetië van 1483 deden.'
Kerkhoff, *Per imperatief plakkaat*, p. 21.

Het verhaal van schrijver Anna Badkhen verscheen in het *Pandemic Journal* van *The New York Review of Books*.

'Een interessante parallel valt te trekken met het begin van de Spaanse griep, toen Vlaamse kranten...'

M. Reynebeau, 'De "moeder aller pandemieën" die onder de mat geveegd werd', *De Standaard*, 20 april 2020.

'In Maastricht wordt [...] geen idee hebben van hygiëne".'

M. Misérus, 'Uitgescholden en bedreigd, want "alle Chinezen hebben corona"', *de Volkskrant*, 11 maart 2020.

'Twee redenen [...] en is nu een mensenvirus.'

K.G. Andersen, A. Rambaut, W.I. Lipkin, E.C. Holmes & R.F. Garry, 'The proximal origin of SARS-CoV-2', *Nature Microbiology*, 17 maart 2020.

C. Wang, P.W. Horby, F.G. Hayden, G.F. Gao, 'A novel coronavirus outbreak of global health concern', *The Lancet*, 24 januari 2020.

R. Boxwell, 'The blame game: the origins of Covid-19 and the anatomy of a fake news story', *South China Morning Post*, 4 april 2020.

'Zo heeft Xi Jinping meer zicht gekregen [...] openbare wc's.'

Y.N. Harari, 'The world after coronavirus,' *Financial Times*, 20 maart 2020.

L. Vervaeke, 'Kleurt je app rood, dan direct in quarantaine', *de Volkskrant*, 24 maart 2020.

S. Gebrekidan, 'For Autocrats, and Others, Coronavirus Is a Chance to Grab Even More Power', *The New York Times*, 30 maart 2020.

'Surveillance tijdens de coronacrisis', *Business Insider*, 26 maart 2020.

'... schrijft Rachael Bedard, als geriater werkzaam op Rikers Island.'

J. Gonnerman, 'Island Doctor Speaks Out to Save Her Elderly Patients from the Coronavirus', *The New Yorker*, 20 maart 2020.

'Een voorbeeld: in Louisiana is liefst 70 procent van de overleden coronapatiënten zwart. (Terwijl de bevolking maar voor 30 procent uit zwarten bestaat.) In Milwaukee: 50 procent. (Tegenover 27 procent.) In Chicago: 72 procent. (Tegenover minder dan een derde.)'

J. Eligon, A.D.S. Burch, D. Searchey en R.A. Oppel Jr., 'Black Americans Face Alarming Rates of Coronavirus Infection in Some States', *The New York Times*, 7 april 2020.

'Het is zijn schuld toch niet [...] willen vliegen?'

Quammen, *Zoönose. Hoe dodelijke ziekten van dier naar mens overspringen*, p. 329–331.

'De Profeet zegt...'

McNeill, *De pest in de geschiedenis*, p. 190.

'Een opmerkelijk verschil met "ons" pestmotto in de christelijke Middeleeuwen: *cito, longe, tarde*.'

Kerkhoff, *Per imperatief plakkaat*, p. 9.

'Op dit moment trouwen Berdien en Gerke Wassenaar [...] andere is getuige.'

S. Sjouwerman, 'Deze bruidsparen trouwen toch: corona weert de liefde niet', NOS (online), 22 maart 2020.

''s Nachts, in het Reinier de Graaf-ziekenhuis te Delft, maakt Dick van der Ploeg (87)...'

M. Effting, 'Dick van der Ploeg overleed van de ene op de andere dag aan het coronavirus. Mijn vader wilde dóór, hij was zo levenslustig', *de Volkskrant*, 26 maart 2020.

'Overal ter wereld zoeken overheden [...] een tapir van elkaar vandaan blijven.'

M.B. Sheridan, 'From Mexico's newest Superhero to Iran's most elegant hand-washer: Watch how countries are promoting coronavirus safety', *The Washington Post*, 26 maart 2020.

'Kassamedewerker Peter Otsen (60) staat tegenwoordig voor dag en dauw op...'

W. Thijssen, 'Lof, maar ook kritiek voor het ouderenuurtje bij Albert Heijn', *de Volkskrant*, 24 maart 2020.

'Donald G. McNeil Jr., coronaspecialist van *The New York Times*, ziet het somber in...'

'Why the American Approach is failing', *The Daily* (podcast van *The New York Times*), 24 maart 2020.

'Zijn voornemen lijkt op wat in de wetenschappelijke taal van de zeventiende en achttiende eeuw een *prophylaxis politica* heette...'

Kerkhoff, *Per imperatief plakkaat*, p. 10.

'Ja, Johnson, die liefst vijf coronabijeenkomsten van Cobra, de nationale crisiscommissie, miste vanwege andere afspraken.'

J. Calvert, G. Arbuthnott en J. Leake, 'Coronavirus: 38 days when Britain sleepwalked into disaster', *The Times*, 19 april 2020.

'Ira Helsloot, hoogleraar Besturen van Veiligheid aan de Radboud Universiteit, vindt dat de aandacht voor corona alle kenmerken van een hype vertoont...'

I. Helsloot en P. Olsthoorn, 'Houd het hoofd koel en plaats ziekte en dood in perspectief', *de Volkskrant*, 23 maart 2020.

'Terwijl het kabinet gisteren een verbod heeft ingesteld op "contactberoepen" gaat elders in Amsterdam, bij Stacy, een Oost-Europese sekswerker die ruim tien jaar in Nederland woont, de telefoon vaker dan ooit...'

S. van den Braak, D. Dupont Nivet en J. Vermanen, 'Ik weet dat het virus zich kan verspreiden, maar ik heb geen andere keuze', *De Groene Amsterdammer*, 1 april 2020.

'Afgelopen week stierven 2800 Nederlanders aan iets anders dan corona.'

I. Helsloot en P. Olsthoorn, 'Houd het hoofd koel en plaats ziekte en dood in perspectief', *de Volkskrant*, 23 maart 2020.

'Dat percentage ligt in China (61 procent), Canada (59 procent), Italië (57 procent) en Frankrijk (56 procent) veel hoger.'

Item *Nieuwsuur*, 25 maart 2020.

'Het standpunt van mijn neef ligt in lijn met uitspraken die psychiater Damiaan Denys enkele dagen later in een interview zal laten optekenen.'

P. Vantyghem, 'We kunnen niet iedereen redden', *De Standaard*, 28 maart 2020.

'De gebruikelijke norm van tachtigduizend euro per gewonnen levensjaar [...] 100 keer zoveel dus.'

P. de Waard, 'Het prijskaartje van een mensenleven', *de Volkskrant*, 25 maart 2020.

'... met als gevolg dat zzp'ers zich vaak gedwongen zien bezittingen te verpanden, vooral gouden sieraden.'

M. Oostveen, 'De plexindex', *de Volkskrant*, 22 april 2020.

Over Steven Mnuchin

N. Prins, 'Steven Mnuchin, Foreclosure King of America', *Huffington Post*, 11 juli 2017.

'Eergisteren hebben vijf supervisors in San Francisco plannen aangekondigd om de 33 000 vacante hotelkamers die de stad nu telt open te stellen voor daklozen.'

S. Lew, 'Five supes push to put homeless in vacant hotel rooms', *48Hills*, 24 maart 2020.

'"We hadden laatst een vergadering over het coronavirus met de overgebleven hulpverleners," zegt Steven van de Vijver, tropenarts bij Stichting Bootvluchteling.'

P. Gruppen, 'Wat als het virus de vluchtelingenkampen bereikt?', *Trouw*, 23 maart 2020.

'En de Trump van Brazilië, Jair Bolsonaro, maakt het nog bonter door te stellen...'

M. Bessems, 'President Brazilië: terug naar normale leven, media zaaien angst', NOS (online), 25 maart 2020.

'In Melbourne wordt sterrenkundige Daniel Reardon (27) opgenomen in het ziekenhuis...'

N. Zhou, 'Astrophysicist gets magnets stuck up nose while inventing coronavirus device', *The Guardian Australia*, 30 maart 2020.

'Als je even uitzoomt, zie je dat de pro-Trump-media vier fasen hebben doorlopen.'

J.W. Peters, 'Alarm, Denial, Blame: The Pro-Trump Media's Coronavirus Distortion', *The New York Times*, 1 april 2020.

'In Italië wordt intussen gespeculeerd over de diepere betekenis van het virus. Schrijver Sandro Veronesi, in Rome, peinst over de kansen die corona biedt om het collectief beter te doen.'

I. Roox, 'Ik zie mijn ouders honderdmaal per dag sterven', *De Standaard*, 3 april 2020.

'... schrijft de Indiase schrijver en activist Arundhati Roy in *The Financial Times*...'

A. Roy, 'The Pandemic is a portal', *The Financial Times*, 3 april 2020.

'Overal ter wereld neemt huiselijk geweld toe.'

N. Habiballah, 'Wereldwijde toename huiselijk geweld door coronavirus', NOS (online), 6 april 2020.

'Dieren worden met een auto overreden of in hun snuit geschoten. In Jordanië en Egypte zijn soortgelijke voorvallen gemeld.'

D. Mohr, 'Huisdieren in Midden-Oosten massaal op straat gezet vanwege het coronavirus', NOS (online), 3 april 2020.

'Onze reclames zijn aan het veranderen, valt me op [...] die geen budget hebben voor dure reclames en sentimentele deuntjes?'

J. Althuisius, 'We zullen doorgaan, samen, tralalalalala, maar hoe zuiver zijn de intenties van adverteerders in crisistijd?', *de Volkskrant*, 9 april 2020.
A. Mull, 'Pandemic Advertising Got Weird Fast', *The Atlantic*, 23 april 2020.

'In een verpleegtehuis in Michigan roept Lou Ann Dagen (66), keer op keer, steeds weer opnieuw, haar virtuele Amazon-assistent Alexa aan...'

N. Vigdor, '"How Do I Get Help?" Dying Coronavirus Patient Asked Alexa', *The New York Times*, 9 april 2020.

Het verhaal van schrijver Ayelet Tsabari verscheen in *MacLean's*, onder de titel 'What the Gulf War taught me about coronavirus', 6 april 2020.

'In de ene hoek van de ring: Bert Wagendorp. In de andere hoek: Asha ten Broeke.'

B. Wagendorp, 'En wat als de coronacrisis ook een obesitascrisis blijkt te zijn?', *de Volkskrant*, 29 maart 2020.
A. Ten Broeke, 'Ik wil geen publiek debat over wanneer jij mij mag laten doodgaan', *de Volkskrant*, 2 april 2020.

'Berichten uit medische vakbladen lijken er nu op te wijzen...'
S. Mukherjee, 'How does the Coronavirus behave inside a patient?', *The New Yorker*, 26 maart 2020.

'De NOS schrijft dat dit bedrag "een beetje op de achterkant van een bierviltje is uitgerekend".'
B. van Slooten, 'Dit zijn de winnaars en verliezers van het Europees akkoord', NOS (online), 10 april 2020.

'In allerlei Amerikaanse staten breken *Reopen America*-bijeenkomsten uit...'
C. Warzel, 'Protesting for the Freedom to Catch the Coronavirus', *The New York Times*, 19 april 2020.

'Voor Sandra (71) en Giancarlo (73): hun gouden huwelijk vieren...'
R. Ibbetson, 'Love beats coronavirus', *Mail Online*, 14 april 2020.

'Daarnaast maken de Verenigde Naties [...] is Hongarije.'
B. Lanting, 'VN waarschuwen tegen misbruik corona om macht uit te breiden', *De Morgen*, 27 april 2020.